◎ 广东省王秋学前名教师工作室成果
◎ 广州市黄埔区王秋名师工作室成果
◎ 课程教材研究所（教育部基础教育课程教材发展中心）立项课题
　量发展的课程教学与教研研究"成果
◎ 广州市"十四五"教育科学规划课题"幼儿园体验式课程的建构研究"成果
　（研究单位：广州市黄埔区香雪幼儿园）

感知·实践·融合

幼儿园体验式课程的
探索与应用

徐 银　黄 菲 / 主编

王 秋 / 顾问

中国出版集团　　现代出版社

图书在版编目（CIP）数据

感知·实践·融合：幼儿园体验式课程的探索与应
用／徐银，黄菲主编. — 北京：现代出版社，2023.11
ISBN 978-7-5231-0568-9

Ⅰ．①感… Ⅱ．①徐… ②黄… Ⅲ．①课程－教学研
究－学前教育 Ⅳ．①G612

中国国家版本馆CIP数据核字（2023）第189985号

作　　者　　徐　银　黄　菲
责任编辑　　姚冬霞

出 版 人　　乔先彪
出版发行　　现代出版社
地　　址　　北京市安定门外安华里504号
邮政编码　　100011
电　　话　　(010) 64267325
传　　真　　(010) 64245264
网　　址　　www.1980xd.com
印　　刷　　北京政采印刷服务有限公司
开　　本　　710mm×1000mm　1/16
印　　张　　14.25
字　　数　　211千字
版　　次　　2023年11月第1版　2023年11月第1次印刷
书　　号　　ISBN 978-7-5231-0568-9
定　　价　　68.00元

编 委 会

序 言

  课程质量是提升教育质量的重要杠杆。在园本课程改革方面，广州市黄埔区香雪幼儿园教科研团队在徐银园长和黄菲老师的支持与带领下，历经7年，依托广东省王秋学前名教师工作室的力量完成了本套丛书的撰写。

  体验式课程指向的是幼儿发展的需要。幼儿正处于快速发展和学习的关键阶段，他们对于世界充满了好奇心和探索欲望。通过体验式课程，幼儿能够亲身参与、实践和探索，理解和建构自己的知识体系。这种亲身经历不仅能够促进幼儿的认知、语言和运动发展，还能够培养他们的创造力及解决问题的能力，并提升他们的自信心。

  体验式课程重在学习动机和兴趣的激发。传统的课堂教学往往以知识的灌输为主，缺乏足够的互动和参与。而体验式课程通过提供具有吸引力和挑战性的活动，激发幼儿的学习动机和兴趣。幼儿在积极参与体验式学习的过程中，能够体验到学习的乐趣和成就感，进而保持对学习的积极态度和持续动力。

  体验式课程注重培养幼儿的综合能力，包括社交交往、问题解决、合作与沟通等。通过与他人沟通、分享和协作的活动，幼儿能够培养良好的社交技能和团队意识。同时，面对体验式活动中的挑战和问题，幼儿需要思考和寻找解决方案，从而可以培养他们出色的问题解决能力和创新思维。

  体验式课程重视个性化发展。每个幼儿都是独特的个体，他们在兴趣、能力和学习风格上存在差异。体验式课程为幼儿提供了更多的选择和自主权，使他们能够按照自己的兴趣和需求进行学习。这样的个性化支持能够更好地满足幼儿的发展需求，促进其个体潜能的发掘和发展。

本书基于体验学习理论，遵循幼儿园课程开发过程，详细阐述了体验式课程的理论基础、课程目标、课程内容、课程组织和课程评价等，特别是探讨了教师专业发展和家园合作的重要性。后期也会将课程实践和环境创设归整成册，纳入出版计划，其中，实践篇将提供一些体验式课程的实例，以帮助读者更好地理解和应用所学内容。希望通过这些实例，激发读者的创意和探索精神，同时为他们提供可操作的参考。环境篇立足于为幼儿提供有准备的学习环境，帮助读者在实施过程中更好地提供游戏材料、创设适宜的学习环境。该系列丛书不仅提供了构建幼儿园园本课程的重要指导，更为幼儿园一线教师提供了实践范本。

通过本书的阅读，您将深入了解体验式课程对幼儿、幼儿教师和幼儿园的重要意义。我们相信，体验式课程的探索与应用将为幼儿教育提供更丰富、更有趣、更有效的教学方法，为每个幼儿的成长奠定坚实的基础。愿本书能够成为您在幼儿教育道路上的良师益友，激发您的思考和创新，让您为幼儿的未来发展贡献力量。

我们将继续坚持以科学的儿童观为核心，将每一个儿童都视为独立的个体，在尊重其个性自由发展与人格健全的前提下，让儿童在切实的体验与操作中获得更多的成长，让儿童拥抱自己的世界，让儿童更好地具有应对未来世界的能力。

我们践行：聚焦儿童，从儿童的视角出发，追随儿童的兴趣……

我们渴望：童年该有的状态就在这里！

让我们一起寻找孩子们的世界。

让我们和孩子们一起，积极！快乐！满足！释放！本真！

正高级教师、特级教师　王　秋

2023年6月23日

目 录

第一章

体验式课程概述

意大利幼儿教育家蒙台梭利曾云："我听过了，我就忘了；我看见了，我就记得了；我做过了，我就理解了。"体验是幼儿重要的学习方式，是认识和态度形成的基础。在有限的童年，儿童不仅要获得知识，更要学会学习——使用有效的学习方式来学习。

　　幼儿园体验式课程是以幼儿的积极参与、身心投入为前提，以幼儿的自主体验和自我体验为核心，以促进幼儿和谐发展为目标的课程模式。体验活动的对象是与幼儿生活联系紧密的世界，教师需要从中发现并挖掘幼儿感兴趣的事物。体验具有个体性，这决定着体验式教学必须尊重幼儿的差异性和独特性，促进生命个性的发展。相对于传统的教学方式，体验式课程强调让幼儿联系自己的生活经验，凭借自己的情感、直觉、想象、灵性等直接地感受、体味、领悟，去再认识、再发现、再创造。

第一节　体验式课程的建构历程

一、体验式课程的建构背景

《国家中长期教育改革和发展规划纲要（2010—2020年）》（以下简称《纲要》）明确提出"把提高质量作为教育改革发展的核心任务"。而课程质量提升是推动学前教育质量提升的关键力量。学前教育课程尚未有统一的课程标准，跟随国家教育改革的步伐，国内许多学者和教师在学前教育的理论研究与实践行动中做了较多的探究，理论学者对学前教育课程指南、高质量的课程体系建设，以及幼儿园一线教师对课程游戏化、生活化的探索，都取得了一定成效，但仍存在很多问题。

（一）科学的学前课程理念欠缺

课程理念是课程模式的核心，只有在科学课程理念的引领下才能建设出适宜的幼儿园课程体系。由于缺乏统一的课程设计标准，目前我国幼儿园课程结构的设置仍处于摸索阶段。在一项"我国学前教育课程结构"的调查中发现，当问到幼儿园的课程理念时，一些幼儿园园长有些茫然。这反映了幼儿园教学人员缺乏科学的学前课程理念建设的意识，也反映出我国学前教育领域理论与实践脱节。[1]

此外，各种类型的课程分科教学、课程内容和组织倾向"小学化"，为了追求"特色"而设立五花八门的特色课程，仍是普遍现象。幼儿园课程目

---

[1] 张娜，陈佑清.我国学前教育课程结构现状分析［J］.教育发展研究，2013（6）：5.

标应指向促进幼儿身心全面协调发展，带有功利性的课程理念势必会导致幼儿发展失衡。

（二）幼儿的中心地位缺失

教育质量的根本指向是以学习者为中心的高品质教育。而现今很多幼儿园的课程忽视幼儿的学习特点，没有形成一个连续的促进幼儿持续发展的课程体系，忽视师幼良好互动和幼小课程科学衔接，忽视游戏在课程中的地位。

（三）幼儿园课程园本化难度高

作为一个教育机构，幼儿园在遵守国家教育总目标、课程目标的前提下，可以在一定程度上自主决定设置什么样的课程。幼儿园课程园本化是当今国际比较通行的一种做法[①]，许多国家都给予了地方和幼儿园充分的课程决策权，尤其以幼儿园自主的课程为主，这种政策促进了幼儿园课程的多元化和园本化发展。在许多欧美国家，幼儿园课程建设相对成熟，一些主要以儿童发展理论为基础的幼儿园课程应运而生。而我国对幼儿园课程的探索基本上是模仿，不断地标新立异，从福禄贝尔到蒙台梭利，从瑞吉欧到新西兰学习故事，无一不反映出这种"拿来主义"的失败。其具体表现为：理论与实践脱节，流于形式；课程模式之间缺乏整合，出现极端；脱离园本实际，不顾实际条件地照搬照抄；教师专业发展滞后，导致园本课程难以再创造和实践总结；等等。这些因素极大地阻碍了幼儿园课程园本化进程。

（四）幼儿园课程质量不高

课程是支持幼儿园持续发展的重要条件，也是幼儿园办园质量的关键指标。目前，我国幼儿园较多地存在"重结果轻过程、重硬件轻内涵、重他评轻自评"等倾向，缺乏通过自我评估及有效运用评估结果提升教育质量的意识和能力。[②]国家幼儿园课程指南的缺失，对儿童学习过程和课程实施过程质量的忽视，以及幼儿园教师对幼儿发展水平的判断能力缺乏，导致我国现行

---

① 陈时见，严仲连.当代国外幼儿园课程的发展特点［J］.外国教育研究，2002（1）：40-43.
② 孙蔷蔷，霍力岩.高质量学前教育课程指南国际比较研究［J］.比较教育研究，2022，44（7）：95-104.

幼儿园课程质量不高。

（五）园本课程建设受到制约

幼儿园课程是教师开展教育教学、促进幼儿全面发展的重要载体，培养什么样的儿童、如何培养儿童是一所幼儿园课程方案必须解决的问题。由于国家尚未出台幼儿园课程标准，地方课程也给了园所很大的自由度，为此建设切实可行的园本课程是摆在园长和教师面前的一大难题。虽然我园建园历史悠久，但在园本课程建设方面仍然存在很多制约因素。

二、体验式课程发展历程

构建一个完整的幼儿园园本课程体系，需要经历长期打磨、反复完善的过程。体验式课程经历了"制定顶层设计—研磨课程内容—开展组织教学—反思修订设计"的过程，最终形成了比较完善的课程方案。

（一）基于政策文件与园所实际，制定顶层设计

随着《中共中央 国务院关于深化教育改革全面推进素质教育的决定》《国务院关于基础教育改革与发展的决定》《基础教育课程改革纲要（试行）》等政策的颁布，陆续提出"国家—地方—学校"的三级课程管理政策，以增强课程对地方、学校及儿童的适应性，即幼儿园不再只是课程文本的忠实执行者，幼儿园需建构适宜的园本课程。

园本课程建设需要针对本幼儿园的实际情况，对幼儿园的硬件设施、师资情况、园所环境、社区资源、家长资源等情况进行综合分析，进而制定园本课程的目标和方向。以广州市黄埔区香雪幼儿园为例，该园已有60余年的办园历史，基于其较好的硬件基础、师资基础和园所沉淀的发展基础，开展了园本课程自主建构。该园在体验式园本课程建设过程中，逐渐形成了"让儿童拥抱自己的世界"的教育理念，营造"民主、平等、开放、自由"的教育生态环境，让孩子们在"感知、实践、融合"中逐渐发展，倡导"关注个体、尊重差异、培养健全人格"的基本价值取向。由此制定园本课程的教育目标，明确教育内容、教学方法、教育成果等方面的指标和要求，使其符合教育指导方针和幼儿园的实际情况。

（二）基于幼儿学习与发展特点，研磨课程内容

《3—6岁儿童学习与发展指南》提出，"幼儿的学习是以直接经验为基础，在游戏和日常生活中进行的……最大限度地支持和满足幼儿通过直接感知、实际操作和亲身体验获取经验的需要"，指明了幼儿的学习方式和特点。"让儿童拥抱自己的世界"的教育理念旨在让幼儿可以接受适合其身心发展的教育。所谓"儿童自己的世界"，即以科学儿童观为核心，将每一个儿童都视为独立的个体，在尊重其个性的自由发展与人格健全的前提下，通过各类教育活动，营造出有益于儿童学习与成长的文化氛围。

基于此，体验式园本课程在内容选择和资源开发时，强调幼儿在实际的操作活动中直接获得学习经验，根据制定的教育目标，设计课程内容、教学方法、教学资源等，针对幼儿的年龄、认知水平和发展需求，选取适当的教育资源和教学方法，设计充满趣味、互动和实践性的教学活动。

（三）基于课程设计与教育现场，开展组织教学

园本课程方案的制订并不是一蹴而就的，而是需要在反复实践中进行验证和修改的。根据体验式园本课程方案设计，开展教学活动。通过体验学习理论、具身认知理论等引领，研发课程组织与实施的流程及模式；通过教师培训和教学研讨，凝练体验式课程的教学策略，提升教师教育教学能力；通过一日生活组织，促进幼儿在课程中的学习和发展。

（四）基于教学效果与社会效益，不断反思修订设计

为提升体验式园本课程建设的质量，达到"以评促教""以评促建"的目的，在教学过程中，必须对园本课程进行评价，在了解教学效果和幼儿学习情况的同时，对课程进行改进和完善，以提高教学效果和满足幼儿的学习需求。为此，在课程评价中，遵照课程目标进行评价工具的研发，教师在教学过程中，反复对照课程评价指引，对自身的教学效果进行评估，调整自己的教学方式。园所在课程实施时，一方面根据教师反馈不断反思课程目标，调整组织模式，改进教学策略；另一方面在行动中对课程的设计和实施进行调改，提升课程的质量和效果，最终形成较完整的课程方案。

三、体验式课程的内涵与特征

幼儿园体验式课程是一种以幼儿为中心、以亲身体验为基础、以教师引导为辅助、以幼儿全面发展为目标的教学模式。其注重幼儿的实践与操作，以培养幼儿的兴趣、探究能力、自主学习能力为重点，帮助幼儿在体验中学习，在学习中反思，在反思中成长。它包含了以下四个特征。

（一）学习环境的情境性

幼儿园体验式课程注重儿童自主探究和自主学习，强调让幼儿在丰富的教育情境中通过亲身体验和操作来获取知识与技能，在实践中感受到学习的和快乐与成就感。体验课程的内容要强调让幼儿联系自己的生活经验，凭借自己的情感、直觉、想象等直接地感受、体味、领悟，去再认识、再发现、再创造。

（二）学习过程的连续性

幼儿园体验式课程注重幼儿经验的连续，任何一个技能的掌握、品质的养成，都不可能是通过一次实践就能得来的。幼儿园课程绝不能只关注幼儿某一阶段或某一领域的发展，而应该是连续的、整体的。

（三）学习内容的综合性

幼儿园体验式课程强调在一日生活中将不同领域的核心经验融合在一起，通过实践和体验，帮助幼儿掌握综合性的知识和技能。通过多种形式的学习活动，将不同领域的知识进行融合和整合，让幼儿获得更全面的学习体验。

（四）学习结果的反思性

幼儿园体验式课程强调幼儿要在行动中反思。体验是以亲身经历、实践活动为基础的，学习的结果是表面的、零散的，实现同化和顺应的。因此活动内容要帮助幼儿学会思考，整合碎片化的评价，总结出新认识和新发现。

第二节　体验式课程的理论基础

一、体验学习理论

"体验学习"（Experiential Learning）也译为"体验性学习"或"体验式学习"，是指主体亲历某件事并在此过程中对事物产生真切的感受，从而形成某种态度和认识的过程；作为活动的结果，是主体在亲身参与实践的过程中，对其中所隐含的道理和意义形成的独特感受与领悟。这种感受与领悟是直接的、极具个人特征的、他人无法替代的，而且往往是深刻的。[①]西方很多学者的教育理论中都含有体验学习的思想，如约翰·杜威（John Dewey）的经验主义教学思想和实用主义哲学观，让·皮亚杰（Jean Piaget）的建构主义学习理论和认知发展观，库尔特·勒温（Kurt Lewin）的格式塔心理学理论和群体动力学等，这些都是体验学习理论的重要思想基础。美国教育学家大卫·库伯（David A. Kolb）吸收了哲学、心理学、生物学的最新研究成果，在1984年出版的著作《体验学习：让体验成为学习和发展的源泉》（*Experiential Learning：Experience as a Source of Learning and Development*）中详细阐述了他对体验学习理论的若干问题的看法。[②]

[①] 黄菲. 体验式主题活动在幼儿园的探索与反思［J］. 成才之路，2019（34）：71-72.

[②] D. A. 库伯. 体验学习：让体验成为学习和发展的源泉［M］. 上海：华东师范大学出版社，2008.

（一）体验学习理论的主要观点

1. 体验学习强调学习的过程，而不是结果

行为主义理论自20世纪30年代开始就影响教育领域，只关注行为结果的行为主义学派遭到其他学派的质疑的反证。体验学习理论同其他学派一样，论证了学习行为是连续建构过程的结果。

2. 体验学习是以体验为基础的持续过程

个体总是或多或少地带着已有经验、态度倾向来学习新知识和建构新经验。根据皮亚杰的同化与顺应理论，学习者在学习情境中，会对以往的经验进行评价、反思和调整，修正原有经验来适应新知识。因此，体验学习强调学习情境的创设，在接近真实化的问题情境中，调动学习者已有知识去解决新问题，持续不断地促进学习者进行认知结构的重构。

3. 体验学习是一个适应世界的完整过程

社会生态理论认为个体的发展离不开与之相关的直接环境（微观系统），也离不开其所处的社会文化（宏观系统）。学习存在于个体生活的方方面面，学习的过程也是个体适应世界的完整过程。

4. 体验学习注重个体与环境之间持续的交互作用过程

库伯反对从单一的方面去理解个人与环境关系的倾向，强调学习的模式应是个体与环境之间的互动，强调真实情境的作用。

5. 体验学习是一个创造知识的过程

皮亚杰认为知识的获得和增长可能专门来自客体，也可能由主体单独建构，或者是来自主体与客体之间多次的相互作用。由此可以看出，皮亚杰的体验学习理论支持这样一种观点：知识是社会知识和个人知识之间转换的结果，知识就是在学习过程中实现客观经验与主观经验之间的转换。[①]

6. 体验学习是在辩证对立方式中解决冲突的过程

库伯认为学习者要进行有效的学习，必须具备四种不同的能力——具体

---

① 李文青. 体验学习在小学综合实践活动课程中的调查研究［D］. 西安：陕西师范大学，
2010.

体验、反思观察、抽象概括和行动应用。^①这要求学习者在体验过程中从多种角度去反思观察他们的经验，从而内化成概念纳入已有的知识经验中，并指导他们来解决面临的问题。这对学习者提出了三方面的高要求：一是亲身体验事件，然后在学习过程中将这些经验逐渐抽象概念化；二是边积极体验边反思观察；三是利用重构的知识经验去解决新的问题情境。正是在这种辩证对立方式中，学习的知识才能真正被内化。

由此可见，库伯把体验学习看作由具体体验，经反思观察、抽象概括与行动应用后，再回到具体体验所组成的完整过程。^②这就是库伯提出的"体验学习圈"，具体来说包括如下。①具体体验，学习者通过亲身参与，对新事物产生初步的感知。②反思观察，对亲身经历和初步感知进行分析、反思和评价，不断调试自身的认知经验。③抽象概括，学习者把反思和观察到的结果进一步内化，形成一般性的结论纳入自己的认知结构中。④行动应用，为了检验内化的知识是否有效，需要应用到新的情境中。如果内化的知识得到了证实，则可以迁移应用到其他情境中；如果内化的知识没有得到证实，将会导向新一轮的具体体验，一个新的学习循环又开始了。

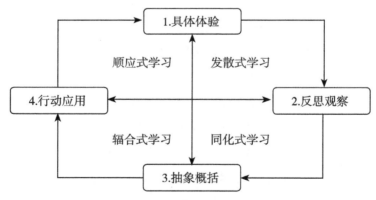

图1-2-1 大卫·库伯的体验学习圈模型

---

① D. A. 库伯. 体验学习：让体验成为学习和发展的源泉［M］. 上海：华东师范大学出版社，2008.

② 石雷山，王灿明. 大卫·库伯的体验学习［J］. 教育理论与实践（中小学教育教学版），2009（10）：2.

需要注意以下几点。首先，在体验学习圈模型中，虽然具体体验在学习中的作用非常大，但学习者的学习过程可以从任意一个阶段开始。其次，体验学习圈模型需要学习者付出体验、反思、思维和行动，并要对学习情境和学习要求做出相应的回应，学习是具身的。最后，体验学习圈模型的四个阶段是学习过程的理想化，在实际的学习过程中，很难完全按照这个模型以一种固定的方式对外部环境做出反应。为此，后续的研究者对体验学习圈模型提出了修改和重建，而我们在利用这个理论模型的时候，也要加以调整以匹配学习内容和学习者的学习特点。

（二）体验学习理论对幼儿园课程建设的启示

体验学习理论在职业培训、教师培训、高等教育、家长培训上应用比较广泛，但作为一种动情的课堂教学策略和学习理论，却很少应用到幼儿教育中。其实，作为一种优质的课堂教学方式，强调直接经验的构筑和学习反思的引导，体验学习为学前教育课程建设提供了理论上的指导和方法上的范式。

1. 具体体验符合幼儿的学习特点

体验式学习注重学习的过程性，认为学习是个体与环境交互的过程。它是经验转换与知识创造的一个过程，强调学习中经验与知识转换的连续性与过程性，而不过分强调其学习结果。新课改与《幼儿园教育指导纲要（试行）》（以下简称《纲要》）提出幼儿园课程建设应将幼儿作为课程的主体，尊重幼儿的学习习惯与方式，鼓励教师灵活、机动地依据幼儿的兴趣和需要进行课程建构，由此可见，体验式学习理念与《纲要》提出的要求不谋而合。

2. "体验+反思"才能促进幼儿的深层学习

幼儿的学习不能简单停留在具体体验层面，那样只会导致经验的重复，而不能产生新的经验。知识是在辩证对立方式的解决过程中产生的，这要求幼儿在体验过程中从多种角度去反思和观察他们的经验，把所得的结论应用于新的情境。这个学习过程需要幼儿情感、知觉、思维和行为的高度参与。因此，幼儿教师在开展教学活动时，一定要注重对幼儿的反思和思考进行指导，逐渐培养他们仔细观察和独立思考的良好品质。

3. 正视幼儿学习中的间接经验

有些教师会认为幼儿的体验学习只需为幼儿提供直接经验，其实不然。间接经验对幼儿来说具有易获取、便捷而快速的特点，人类文明的快速发展也正是因为学习和生产了大量的间接经验。体验学习在重视具体体验的同时，并没有否认抽象概括或间接经验在个体学习和发展中的重要性。幼儿在面对不同的学习内容时，可以选择更加适宜的学习方式。这也是为什么库伯一直强调学习者不必总是从具体体验进入，也可以从其他阶段开始，一切可视学习者在学习时的需要而定。

二、具身认知理论

"具身认知"（Embodied Cognition）思潮的兴起源于对二元论的批判。17世纪，法国哲学家笛卡尔（Descartes）提出"二元论"，认为人的"身"和"心"是相互独立存在的，"身"是只有广延而不能思维的"物质实体"，"心"是只能思维而不具广延的"精神实体"。这一思想长时间影响着早期心理学的发展，以华生（Watson）、斯金纳（Skinner）为代表的行为主义流派把人的行为归结为刺激和反应的联结，完全忽视认知、思维、情感等内部心理过程。而随着信息技术的兴起，有的心理学家将心智活动视为计算机的加工过程，将"身""心"比作计算机的"硬件""软件"，认为身体仅仅是行为载体，心智并不依赖于身体，抽象思维的培养、认知能力的获得、情感和意志的形成从本质上都是"离身"的。[1]

正是在这种理论的影响下，传统教育往往将重点放在心灵的内在发展和思维的培养上，完全忽视学生在获取知识的过程中也需要身体的参与。随着现象学、认知科学哲学、建构主义心理学等学派的发展，以具身认知为代表的认知心理学流派进入研究者的视野，对身心二元论、离身的学习进行了批判，开始探寻心智、大脑、身体和环境的关系以及对人的认知发展的作用。

---

[1] 叶浩生. 身体与学习：具身认知及其对传统教育观的挑战［J］. 教育研究，2015，36（4）：11.

（一）具身认知理论的主要观点

具身认知理论的中心含义是身体在认知过程中发挥着关键作用，认知是通过身体的体验及其活动方式而形成的。[①]具身认知理论强调了身体感觉和动作的作用，认为人类思考和学习的过程不仅仅是基于逻辑和符号推理，还包括通过感官和身体运动进行的经验学习。具身认知理论的新认知观认为，认知是"具身的、情境的、发展的、动力学的"，这种整体的认知观运用于幼儿教育，将会促使教育者把教育的目光从大脑转向身体，进而走出片面强调狭隘认知发展的误区。

（二）具身认知理论对幼儿园课程建设的启示

具身认知理论观点与《3—6岁儿童学习与发展指南》的精神不谋而合，对幼儿园课程建设有着重要的启示作用。

首先，幼儿的身体体验是幼儿学习的重要方式。幼儿在身体活动中会形成与环境的交互和体验，这种体验是幼儿构建认知的重要基础。因此，幼儿园的课程应该注重幼儿的身体活动，比如游戏、运动、动手操作、亲身观察等，让幼儿通过身体活动和各类感官来学习和探索世界。

其次，创设丰富的情境和体验环境是幼儿园课程开展的重要条件。幼儿园应该为幼儿创设丰富的情境和体验环境，让幼儿通过各种感官体验来获得知识和经验。

最后，要重视幼儿的自主探究和社交发展。幼儿应该被鼓励去自主地探究和发现，而不是单纯地接受教师的指导和知识灌输。教师可以提供引导和支持，让幼儿在探究中获得成就感和自信心，进而促进幼儿的认知发展。

综上，基于具身认知理论，在幼儿园的课程建设中，应该注重幼儿的身体体验、学习环境的打造及幼儿学习品质的培养，以促进幼儿的认知和全面发展。

---

① 叶浩生. 具身认知：认知心理学的新取向［J］. 心理科学进展，2010（5）：6.

三、情境认知理论

情境认知（Situated Cognition）理论是对认知主义与建构主义进一步发展的学习理论。1929年，阿尔弗雷德·诺斯·怀特海（Alfred North Whitehead）提出"惰性知识"一词，指明学生在学校中学习知识时是被动灌输，只为应付考试和升学，很难去解决实际中的问题，在无背景的情境下获得的知识，经常是惰性的和不具备实践作用的。情境认知理论认为知识建立在情境过程中，是活动的一部分，并不能运用简单的符号进行表征。知识是整个活动情境的一部分，是在学习过程中不断建立。知识并不是静态的，它具有动态性和情境性，需要在学习过程中不断进行内化与意义建构，在参与基于情境的实践活动中习得。此外，情境认知理论还将知识看作一种学习工具，认为它只有通过实践与运用才能被真正掌握，才能用于解决生活与学习中的问题，才能成为学习者能够持续进步与发展的重要工具。[①]

情境认知理论强调了环境和情境的重要性，认为人类学习知识不仅仅取决于他们的个人特征和心理状态，还取决于周围的环境和情境。情境认知理论涉及的概念包括：情境（situation）、场景（scene）、社会文化因素（sociocultural segment）、经验（experience）等。该理论认为，人们在不同的情境下，会表现出不同的行为，因为情境会影响人们的注意力、意识、情感和认知过程等。在情境学习理论看来，知识是基于社会情境的一种活动，而不是一个抽象具体的对象；知识是个体在与环境交互作用过程中建构的一种交互状态，不是事实；知识是一种人类协调一系列行为、去适应动态变化发展的环境的能力。[②]

（一）情境认知理论的核心观点

情境影响着个体的行为，行为是情境和个人特征的交互结果。情境认知

---

① 纪艺.基于情境认知理论的小学活动作文教学的行动研究［D］.天津：天津师范大学，2022.
② 王文静.情境认知与学习理论：对建构主义的发展［J］.全球教育展望，2005，34（4）：56-59+33.

理论认为，情境对人类行为有着重要的影响。不同的情境会导致不同的行为反应，因此要理解一个人的行为，需要考虑周围的环境和情境。

情境认知理论认为，人们会通过调整自己的行为来适应不同的情境，也会根据不同的情境来调整自己的行为和思维方式。此外，个人的经历、经验，以及他所处的社会文化因素也会对其行为产生影响。人们所经历的事件、前期经验知识，影响着他的认知结构，在不同的社会文化环境下，会表现出不同的行为和思维方式。

（二）情境认知理论对幼儿园课程建设的启示

情境认知理论提醒我们要考虑环境和情境对人类行为的影响，幼儿的学习是处于一定的教育情境中的，在设计幼儿园园本课程时，要充分考虑情境和环境因素在幼儿成长过程中的作用。

首先，利用真实情境开展情境教学。幼儿的学习离不开真实的亲身的体验，他们更容易通过在真实情境中学习和理解知识。幼儿园课程内容如果能依托真实情境开展情境教学，设计既有挑战性又符合其最近发展区的情境任务，可以帮助幼儿更好地理解和掌握知识。

其次，重视幼儿前期经验，尊重幼儿的发展水平和特点。行为是情境和个人特征的交互结果，经验也会影响他们的行为和思维方式。幼儿园课程的设计需要以幼儿的发展水平和特点为基础，通过多样化的教育活动帮助幼儿积累丰富的经验。

最后，还应营造积极的社会文化环境。幼儿已经渐渐脱离其所处的家庭环境，走向了更大的中观系统，周边的社会文化因素也会对幼儿行为产生影响。因此，幼儿园课程的建设应营造积极的社会文化环境，帮助幼儿树良好的价值观和行为准则，促进其全面发展。

四、深度学习理论

深度学习（Deep Learning）本是一种机器学习算法，主要基于人工神经网络和大量的数据来实现对复杂问题的处理和解决。信息时代，人们对教育中学生的深度学习培养越来越重视。心理学、教育学领域对深度学习研究可以追溯到美国学者马顿（Marton. F）和萨尔约（Säljö. R）的研究，他们在一项对学生测查文章阅读理解的实验中发现，有的学生通过记忆和复述的方式来回答问题，而另一些学生通过理解文章内容来解决实验者提出的问题。他们由此提出了"浅层学习"和"深层学习"两种学习方式。

（一）深度学习理论的核心观点

随着深度学习理论在教育领域的不断深入，国内学者也对其进行了界定，郭华（2016）将深度学习定义为在教师引领下，学生围绕具有挑战性的学习主题，全身心积极参与、体验成功、获得发展的有意义的学习过程。[1]通过深度学习，学生可以掌握学科知识，理解知识与自身的联系，其学习的动机是内在的，有高度的情感卷入，利于其独立学习、批判学习及创造性学习。在学前教育领域，王小英（2020）、叶平枝（2022）对幼儿深度学习也进行了深入研究，指出幼儿深度学习是幼儿在教师的引导下，在较长的一个时段，围绕着富有挑战性的课题，全身心地积极投入，通过同伴间的合作与探究，运用高阶思维，迁移已有经验，最终解决实际问题的有意义的学习过程。[2]幼儿深度学习的特点体现在：学习者有强烈的内在动机；学习的过程是有意义的学习；幼儿的学习是情境中的学习、生活中的学习；是一种综合运用各种知识和经验进行的整体性学习；是以核心素养发展为目标的学习；是以反思为中介的学习。[3]

（二）深度学习理论对幼儿园课程建设的启示

基于国内外对深度学习的探讨，在面向未来的教育中，我们应该思考如何建设高质量的园本课程，符合深度学习理论中强调的对学习的情境性、内部驱动性、知识经验的整体性、发展目标的全面性，以及学习者的反思性的要求。深度学习的这些特点对幼儿园园本课程建设提出了相应要求，即课程目标面向幼儿的核心素养，课程内容聚焦幼儿五大领域的整体发展，课程的组织强调情境性、体验性和反思性。

---

① 郭华.深度学习及其意义［J］.课程·教材·教法，2016（11）：8.
② 王小英，刘思源.幼儿深度学习的基本特质与逻辑架构［J］.学前教育研究，2020（1）：8.
③ 叶平枝.幼儿深度学习课程设计与实施［M］.北京：教育科学出版社，2022：9-17.

第三节　体验式课程的理念与目标

一、体验式课程的理念

　　幼儿园课程理念是基于儿童发展和学习理论，以及社会、文化和教育的要求，对幼儿园课程要培养什么样的人、如何培养人的价值追求的研究。在国内外教育史上，幼儿园课程所秉持的理念众多。如儿童中心主义理念，重视儿童在学习和发展中的主动性与自主性，倡导教师和家长以儿童为中心，根据儿童的兴趣和需求来设计课程与活动；如综合发展理念，注重儿童的全面发展，包括智力、语言、身体、情感、社会和美育等方面，通过多样化的教育活动来促进儿童的综合发展；如活动式学习理念，强调儿童通过探究和实践来学习与发展，鼓励儿童参与各种活动，包括游戏、自由活动和有计划的活动等；如社会建构理念，认为儿童的学习和发展是社会及文化环境与个体交互作用的结果，通过创设富有挑战性和意义的环境及情境，来促进儿童的学习和发展；如教育与生活融合理念，认为儿童的学习和发展不仅仅发生在课堂上，而且贯穿于日常生活的各个方面，通过将教育与生活融合来促进儿童的全面发展。

　　基于体验学习理论、具身认知理论、情境认知理论和深度学习理论，幼儿园体验式课程理念认为课程的实质是幼儿的活动，是幼儿在体验中感悟、在感悟中反思、在反思中实现有意义的学习。具体表现为以下几方面。

（一）关注幼儿学习的过程，而不是学习的结果

　　学习行为是一个连续的、动态的、主动建构的过程，学前教育课程应着力强调过程因素，坚持全面立场和全程立场，凸显课程的全程育人以提升学

前教育课程的过程性质量。[①]

（二）注重学习过程中幼儿的体验和反思

在体验学习理论看来，有效的学习要求幼儿在体验过程中观察同伴的经验和反思自己的经验，一边积极体验，一边反思观察。

（三）提供真实的问题情境和丰富的教育环境

体验学习注重个体与环境之间持续的交互作用过程，在课程的内容选择和组织实施中，要从幼儿的学习特点出发，创设适宜的学习环境。

（四）合理处理直接经验和间接经验的关系

双循环体验学习圈模型并不认为所有的学习都是从具体体验开始的，学习也可以是抽象的、间接的。对于幼儿来说，在具体的、真实的情境下学习，容易引起幼儿本身对学习的兴趣和专注。但并非所有的学习都是直接具体的，幼儿应该获得的安全知识、技能技巧、模仿性经验等，都需要间接获取。因此我们避免绝对化地支持以幼儿为中心的直接体验。

二、体验式课程的目标

（一）体验式课程目标建构思路

《纲要》《3—6岁儿童学习与发展指南》及五大领域核心经验，已经将3—6岁幼儿学习与发展的目标科学化、体系化。基于已有的科学化的幼儿发展目标，结合体验式课程的顶层设计、培养理念与目标、幼儿学习与发展特点、幼儿园教育教学成果积淀，将幼儿核心经验进行打散、重组与整合，形成了体验式课程目标体系。

在确定体验式课程的综合目标后，根据我园沉淀的主题探究课程、自主游戏课程、一日生活课程的实施途径的特点，将"感知、实践、融合"的课程理念具体到主题探究、自主游戏和一日生活三大核心课程中。根据三大核心课程，确定每个年龄段幼儿的发展目标，再进一步根据幼儿的兴趣、需

---

① 孙蔷蔷，霍力岩．高质量学前教育课程指南国际比较研究［J］．比较教育研究，2022，44（7）：95-104.

要、实际生活经验，随机生成课程内容。此目标既成为课程的实施目标，也成为三大核心课程的评价目标。

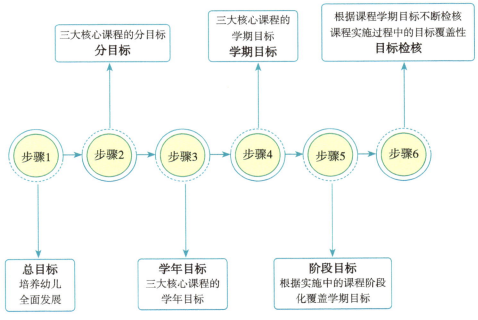

图1-3-1 体验式课程目标体系建构思路

（二）体验式课程目标体系架构

根据体验式课程的目标体系建构思路图，我们对体验式课程总目标及三大核心课程子目标进行了三级分类整理，最终形成了体验式课程目标体系。

从体验式课程目标体系架构可以看出，体验式课程以"培养全面发展的幼儿"为总目标；在设置子目标时，根据主题探究、自主游戏和一日生活三大核心课程进行分类。

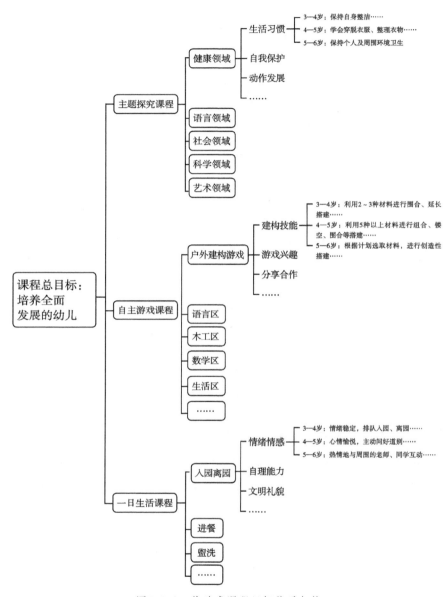

图1-3-2　体验式课程目标体系架构

1. 课程总目标

课程总目标以《3—6岁儿童学习与发展指南》《幼儿园保育教育质量评估指南》为科学依据，关注幼儿德、智、体、美、劳全面发展，致力于培养身心和谐、均衡发展的健康者；认真倾听、乐于表达的交流者；勇于担当、开放包容的合作者；学会思考、善于自省的反思者；积极主动、热爱学习的探究者；独立自主、无惧挫折的挑战者。建立对幼儿发展的合理期望，实施科学的保育和教育，充分尊重和保护幼儿的好奇心与学习兴趣，帮助幼儿逐步养成积极主动、认真专注、不怕困难、敢于探究和尝试、乐于想象和创造等良好的品质。让幼儿在快乐的情绪中学习，保持对学习活动的积极态度，为幼儿终身持续发展打下良好的基础。

2. 课程子目标

体验式课程总目标下设子目标，从三大核心课程出发，分别在每个课程下面设立三级指标。以主题探究课程为例，主题探究课程目标以《3—6岁儿童学习与发展指南》为蓝本，结合主题探究的内在价值进行了三级指标分类，设置了5个一级指标、24个二级指标，并从大、中、小三个年龄段设定了若干个三级具体目标。有了课程目标体系，课程内容选择、课程组织形式及课程评价都有据可循，为体验式园本课程可持续优化提供了蓝图。

第四节　体验式课程开展的条件与管理

一、体验式课程开展的条件

开展体验式课程建设，需要基于对园所的充分认识，对园所的优势和劣势进行分析，对已有课程基础进行综合，对本园课程传统继承和发展，着力分析本园教师和幼儿、家长等对课程的需求，考虑幼儿园在课程、教师和资源方面的优势与局限等。

（一）体验式课程建构的硬件基础

体验式课程依托广州市黄埔区香雪幼儿园而开展。该园内配有亲子阅读室、美工活动室、幼儿烹饪室、科学启蒙室、音乐活动室、木工坊等功能室，创设树叶休闲区、绿色长廊、戏水亭、教师休闲阅览区、种植观察园等多个开放式公共功能区，还有操场、篮球场、游泳池、沙水池、大型器械区、建构区等大型综合户外活动场地。整个园舍独立完整，布局合理，环境幽雅整洁，景色宜人，充满童趣，富有本土特色和教育内涵，这为体验式课程建构提供了良好的硬件基础。

（二）体验式课程建构的师资基础

教师是体验式课程建设的中坚力量。香雪幼儿园有一支结构合理、素质过硬、氛围融洽、科研坚实的教师团队，师幼比1∶6，全体教职工100%达到岗位任职要求，均持证上岗。专任教师（含园长）中，硕士研究生3人，幼儿园正高级教师1人，高级教师2人；保育员全部受过幼儿保育职业专业培训。教师团队中，多人获得广东省名师、特级教师、广州市骨干教师、优秀教师等荣誉称号；科研成果丰厚，包括多本学前领域专著、3篇CSSCI期刊论文、国家级教育教学成果奖。高素质的师资队伍为体验式课程建构提供了可能性。

（三）体验式课程建构的园所发展基础

近年来，香雪幼儿园在各方面都取得了优异的成绩。如教育教学积淀方面，开展了以本土资源为依托的课程研究；在户外建构游戏、体育教学、区域游戏等特色课程方面有了非常成熟的模式；在家园社合作方面，形成了一套着实有效的家园社协同方案；亲子活动已成为特色活动，家长和社区资源是体验式课程内容的主要来源与课程实施的主要动力。强大的园所发展基础为课程建构提供了自信心与自主力。

二、体验式课程的管理

（一）课程领导与人员保障

体验式课程有完善的园本课程管理与建构小组，由园长总负责，借助市、区教科院教研员、高校专家等外力，联合幼儿园全体教职工（教研组长、班级教师、家长、社区社工）组成。各岗位目标明确，各司其职，共同促进体验式课程的持续建构。

表1-4-1　课程领导小组的任务与分工

课程领导	任务
园课程建构小组	负责课程顶层设计，以课程理念和课程目标为抓手，宏观布局学年、学期课程建构内容，探讨各类活动间的时间比和内容融合度，宏观调控课程的实施过程，并根据教育现场的实施情况调整计划
园教科研组	协助课程建构小组分龄分学年落实课程计划，聚焦课程内容，并以相关课题为抓手，培训教师，跟踪教师对课程内容与实施的专业度
各年级教研组	根据园学年课程计划，安排、制订具体教研计划，并落实到月计划，实时互动反馈
家长与社区	发动家长资源与社区资源参与幼儿园课程内容与实施、评价的过程，并提供相应的资源保障，给予课程实效反馈
专家	借助专家资源，开展课题建构的顶层设计、师资培训和资源体系建设等

（二）组织与经费保障

体验式课程有着清晰的组织架构，并且每层均匹配不同数额的经费，以保障课程的落地。

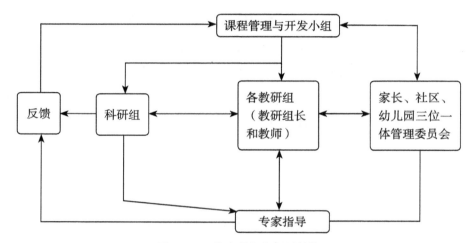

图1-4-1　体验课程的组织架构

第二章

体验式课程的环境创设

3—6岁儿童身心发展规律和学习特点决定了幼儿学习与发展的特点是直接感知、具体操作、亲身体验。幼儿的学习与发展在情境和具体操作中进行，他们需要依赖环境、借助环境，在与环境的互动中，获得相应的经验。《幼儿园保育教育质量评估指南》将教育环境作为重要的评价维度，设定空间设施、玩具材料两项关键指标，要求幼儿园"创设丰富适宜、富有童趣、有利于支持幼儿学习探索的教育环境，配备数量充足、种类多样的玩教具和图画书，有效支持保育教育工作科学实施"。

　　环境创设是幼儿园课程建设中非常重要的课程条件，体验式课程的环境创设从课程理念和课程目标出发，根据幼儿学习和发展的现实需要，和幼儿共同完善环境的布局，充实环境中的各种设施和材料，使幼儿能在环境中开展适合其身心发展的各种活动，从中幼儿能满足兴趣，迎接挑战，不断获得新的经验。因此，幼儿园环境创设是一个教师和幼儿共同参与的过程，是一个多层次、多样化的实践过程，从一定程度上说，也是幼儿园课程建设的重要组成部分。

第一节 开放：园所环境创设

一、园所环境创设的特点

体验式课程注重幼儿与环境间持续的交互作用，因而园所环境创设在教育中有着极其重要的价值。它是构成幼儿日常生活与游戏活动的基本要素与条件，不仅为课程建设提供载体，也是完善幼儿园育人功能的基础和前提。教育者要为幼儿创设好的园所环境，以此激发幼儿的学习兴趣和探究欲望。体验式课程中，园所环境具有丰富的幼儿学习资源，具有教育性、开放性、主体性和自然性的特点。

（一）教育性

教育性是指幼儿园环境的各种要素均与幼儿的发展密切相关，并且其对幼儿的影响贯穿于幼儿的整个发展过程。在体验式课程中，环境实质上是形态多样的隐性课程。其既符合幼儿的年龄特征和认知发展水平，又充分考虑了幼儿的个性差异和个体特点；既考虑了幼儿的活动兴趣与参与机会，又兼顾了幼儿在活动中的安全。体验式课程应该将教育性渗透于环境的各个组成部分，使环境的各要素都具备相应的教育功能。

（二）开放性

幼儿园环境应便于幼儿的游戏和学习，以及不断积累新经验。体验式课程园所环境与氛围营造的开放性表现在两方面。一是空间的开放。环境中的每一个空间应向幼儿开放，幼儿可进入、可亲近、可触摸，环境中的事物能被幼儿充分利用，幼儿可以充分体验环境带来的感受，进入环境，与环境相互作用。其目的不只是简单地认知，不只是为了获得知识，更重要的是在感受和体验中获得相应的经验，激发更多的好奇心和求知欲。要努力避免幼儿活动环境空间过高、过于封闭和过多隔离。此外，空间上应室内外一体化，班级环境、走廊环境和户外环境在体验式课程中可以灵活地联动。例如在小班"水的秘密"课程中，班级环境中科学区打造微观的水材料，使幼儿体验水的表面张力、毛细现象等特性；走廊中创设中型的水体验区，使幼儿感受不同材料在水中的沉浮、光在水中的反射、水的流动性等内容；户外环境中的泳池可以让幼儿的整个身体充分感受水，体验水的流动性、浮力、压力等特性。室内外环境灵活联动，可以帮助幼儿在感受和体验中获得相应的经验，充分激发好奇心和探索欲望，并在环境中探索解决问题。二是课程的开放。教师应把环境创设和课程设计有机结合起来，让环境充分发挥课程价值。真正把课程融入环境之中，通过环境来实施课程，实施环境中的课程。幼儿在与环境互动中发现问题、思考问题、解决问题。体验式课程在过程中生成和发展，幼儿可以与环境充分接触，可以充分体验环境带来的感受，发现环境中的问题，并用各种方式尝试解决这些问题。

（三）主体性

园所环境要适应幼儿的年龄、个性特征与个体差异，以及幼儿所处的文化背景。此外，幼儿园环境的创设在一定程度上反映了课程的教育观和儿童观，体验式课程用相互联系的观点来看待幼儿的学习与发展。幼儿对环境不是完全被动接受的，其兴趣和需要是环境创设的前提，应该尽可能地让幼儿参与环境的创设，把幼儿的活动与环境的不断完善有机结合起来。事实上，很多园所环境的创设都是需要幼儿参与的，有些环境的创设甚至是以幼儿为主进行的。如幼儿园大班的种植园地，从种什么、怎么种、怎么管都应该由幼儿决定或参与决定，种植和管理的过程都应该由幼儿自己来完成。因此，一定要在环境创设中给幼儿留下空间，留下机会，让他们真正成为环境的主人。给予幼儿充分的信任，给予幼儿充分的自我表达、相互合作、亲身探究的机会，在环境创设过程中不为幼儿设置固定和统一的目标，不以成人的视角去评判幼儿环境创设和学习水平的高低。

（四）自然性

自然性是指幼儿园环境的各组成部分均保持其原有的本色，维持其存在与变化的自然状态。体验式课程中园所环境各部分既相互依附又相互独立，环境的不同组成部分共同构成一个完整而有机联系的生态系统，呈现出人物间和谐共存的状态。幼儿园在创设环境时注意挖掘现有的资源，合理安排角落与场地，充分利用园内的自然物，从植物、动物、农作物到石块、树皮、土壤等。随着课程的开展，教师还可以带幼儿体验不同季节，收获不同的瓜果蔬菜，如芒果、橙子、花生、番茄、南瓜等，帮助幼儿亲近自然，感知自然的变化，沐浴阳光和空气，提供丰富的学习环境，促进幼儿五大领域协调发展。

1. 环境划分——表演区

图2-1-1　整改前　　　　　　　　图2-1-2　整改后

2. 环境划分——娃娃家

图2-1-3　整改前　　　　　　　　图2-1 4　整改后

二、园所心理环境创设

幼儿园环境是一个集物质、精神与情感等要素于一体的教育环境，心理环境作为幼儿园环境的一部分，对幼儿的一生有着很大的影响。一个良好的心理环境将会促进幼儿健康发展，反之则会阻碍幼儿的健康成长。

如何创设良好的心理环境呢？我们必须了解幼儿的心理需要。美国心理学家马斯洛（A.H.Maslow）把人的需要分为五个层次：生理需要、安全需要、社会需要、尊重需要、自我实现的需要。当低层次的需要得到满足以后，就会进入高层次的需要。从某种意义上说，幼儿健康人格的教育就是使他们的各种需要最大限度地得到满足，从而引导他们从低一层次的需要达到高一层次的需要，最终达到自我实现的需要。

（一）尊重和满足幼儿的生理需要

幼儿有进食、排泄、睡眠等基本的生理需要，幼儿生理需要的满足情况直接影响其心理健康，影响班级的心理气氛，同时也反映出师生关系的质量。在幼儿园中，常常有幼儿憋尿、憋便，大、小便解在裤子里不敢告诉老师的现象。一方面是幼儿害怕老师的训斥，另一方面是害怕同伴的嘲笑。长此以往，幼儿易形成胆小、怯弱的不良个性，影响其心理健康。体验式课程将进餐活动的气氛和谐与否，幼儿是否缺水，是否有憋尿、憋便的情况，及老师是否训斥幼儿，作为创设良好心理环境的基本指标。教师可从改变厕所环境、营造就餐和谐氛围及温馨睡眠环境、提醒幼儿喝水等入手，教会幼儿如厕、进餐，尊重和满足幼儿的基本生理需要，营造轻松、友爱的环境和心理氛围。

（二）尊重和满足幼儿的安全需要

小班幼儿从温馨的家庭来到陌生的幼儿园，此时，其安全需要尤为突出。体验式课程"高高兴兴上幼儿园"围绕幼儿的入园适应设计，目的是尽快消除幼儿的陌生感和紧张感，建立安全感。课程设计中首先是接纳幼儿的情绪，当孩子哭闹时教师可以抱一抱孩子，待其情绪缓和后，用温和的语言表示理解孩子的情绪，建立一种平等的伙伴关系；其次是组织丰富有趣的活动吸引幼儿，分散幼儿"想妈妈、想家"的注意力，如组织大带小的活动，可以减轻入园幼儿的"分离焦虑"，帮助幼儿逐渐地将对父母的依恋转移到老师和同伴身上，满足幼儿依恋的需要，从而使其更好地适应幼儿园的生活。

（三）尊重和满足幼儿的社会需要

当幼儿适应新环境后，其社会需要中对归属和爱的需要开始成为其行为的主导动机。他们希望老师和小朋友喜欢他、接纳他，并在班里有一个位置。不愿上幼儿园的孩子中，相当一部分是由于在班里找不到自己的位置，其爱和归属的需要得不到满足。此外，与人交往也是人的社会需要。幼儿自出生以后就在与成人的接触中产生了与成人交往的需要；会走路以后，逐渐注意到同龄人，对同伴产生了依恋，出现伙伴交往的需要。因此，老师要为幼儿之间的交往创造条件，在体验式课程中的一日生活安排中，应灵活安排过渡活动，为幼儿自由交往创造时间和空间。有的幼儿园纪律约束时间过多，导致有的幼儿经常去厕所，老师感到奇怪，后来才发现幼儿竟然在厕所里自由交谈。一天内幼儿自由交往的时间与次数，也可以作为评价幼儿园班级心理环境质量的指标之一。

（四）尊重和满足幼儿自尊的需要

当幼儿的情感需要得到了满足，自尊的需要便成为主宰其行为的主要动机。只有自尊的需要得到了满足，幼儿才会出现自我实现的需要。学前期是幼儿自我意识萌发与发展的阶段，在这一时期幼儿开始出现自尊心、自信心。自尊与自信是幼儿学习与发展的动力，因此，体验式课程要求教师尊重幼儿的人格，保护与培养幼儿的自尊心与自信心。教师应正确运用评价手段，以激励性评价为主，批评为辅；努力并善于发现每一个孩子的优点与长处，对每一个孩子的发展持肯定的积极期望；在一日生活中经常让孩子有成功的体验。

（五）尊重和满足幼儿自我实现的需要

教师应给予幼儿更多展示自己的机会，放手让幼儿自己去解决一定的问题。只要幼儿在原有基础上有所进步，教师就应及时给予肯定和表扬，让幼儿在同伴的掌声及老师的鼓励、赞赏中感受胜任感和成功感。相反，当幼儿不愿去参加某个活动或在活动中表现得不活跃时，教师就应该提出疑问：他的安全需要是否得到了满足？是否对陌生环境感到恐惧？他的爱和归属的需要是否得到了满足？同伴是否不喜欢他或不接纳他？他的自尊是否得到了满足？老师或同伴是否看不起他？由动机引导个体行为。因此，教师应根据幼儿的行为表现，准确判断其心理需要和动机，有针对性地加以引导甚至进行干预，促使幼儿产生自我实现的需要，从而促进其心理的健康发展。

三、园所物质环境创设

（一）室内环境创设

1. 班级环境

班级作为幼儿日常活动的主要场所，包括集体活动场地、区域活动场地、墙面、盥洗室、寝室等基本组成部分。良好的班级环境能为幼儿提供发展的保障，激发幼儿的创造潜能，促进幼儿身心健康发展。

在班级范围内，构成班级环境的要素主要有人和物两类，及人与人、人与物之间互动所产生的微观生态。尽管诸如各类设施设备、工具材料等物化要素具有一定的静态性，但它们因教育目标和教育情境的不同而产生的组合或使用方式的变化，造就了相应的动态性。更为关键的是，班级环境创设中的教师和幼儿都是具有能动性的个体，他们会根据活动的需要不断对班级环境进行改造。因此，班级环境中的各个部分都可以与体验式课程有机结合起来，它们应当是一个动态的系统。体验式课程重视幼儿的自主性和创造性，幼儿园班级环境不应在强调准备性的同时走向封闭和固化，通过强调环境的生成性来为幼儿创造更为开放的发展空间，重视并接纳那些没有被预先组织和安排的环境要素。如在课程中动态呈现主题墙，让幼儿主动参与，留下幼儿学习的痕迹；区域设置也可根据课程灵活创设，如中班主题探究活动"好玩的布"中，结合课程生成布类材料体验区，投放与布相关的材料，真正把课程融入环境之中，通过环境来实施课程。

2. 走廊环境

走廊环境的创设应与体验式课程教育目标一致，真正起到教育与促进幼儿发展的作用，要抛弃那些装饰性过强、为装饰而装饰的环境。一方面，走廊环境的创设应体现直观与趣味性。教师提供的内容应该是贴近并高于孩子的知识经验，且具有很强的趣味性的。例如，在中班"叶子的秘密"体验式课程中，班级走廊上丰富地展示了叶子立体拼贴作品和正在进行的实验内容，充分激发了幼儿的探索欲望，增强了其自我效能感。另一方面，走廊环境的创设应与幼儿产生有机互动。互动的含义包含两层，一是好的环境能够促进幼儿主动参与探索，能激发其积极参与的兴趣；二是好的环境应当激发教师和孩子们创造的动力，通过自己的创作不断丰富、充实其内容。例如，主题环境的框架搭建好后，要留一些空间给孩子，让他们通过自己的语言或制作去丰富走廊环境内容，从而实现有效互动。

主题环境案例具体如下。

"好玩的布"主题环境布置

（一）教室环境营造氛围

（1）学习痕迹的呈现给幼儿带来愉悦感并激发其学习动机，教师把幼儿进区探索的过程记录下来。

图2-1-5　整体环境

图2-1-6 活动展示区

图2-1-7 主题墙的划分

（2）我们将幼儿参与环境创设融入课程，幼儿作品被有效利用，横梁上的扎染作品、走廊上空利用各种材料做的挂饰、走廊上呈现的各种布艺的作品为营造浓厚的主题贡献了很大的力量。而主题环境的材料选择方面可以考虑使用幼儿在主题活动中所制作的手工作品，如扎染的面巾布、布条的装饰、桌面的台布、纸皮布娃娃、加入木头元素的手工等。

图2-1-8 横梁上的扎染作品

图2-1-9 DIY手工制作展示区

图2-1-10 挂饰

（3）温馨而友好的环境特别能吸引幼儿与之互动，而温馨的环境又分为物质环境与心理环境两个方面。物质环境从三维空间来看，包括地面环境（选用地毯、垫子、小圆桌、大沙发和小沙发等）、墙面环境（可加壁画、幼儿活动照片墙等）、空中环境（加入帷幔、灯饰等）；心理环境是语言与非语言的互动的关系，教师与教师之间、教师与幼儿之间的师幼互动关系；等等。环境的改变能使幼儿在没有压力的情况下主动观察、积极发现，独立思考解决问题。

图2-1-11　温馨的语言阅读区域

图2-1-12　种植区

图2-1-13　过道处的植物角

图2-1-14　转角处的表演区

（二）教室环境布局有效搭配

在班级环境创设中我们以原木色为主色调，其他颜色为辅助色，以舒适为前提，营造了一个温馨又丰富的学习环境。同时也以主题墙各自的小板块为主色调，用底色原木色与蓝色、黄色搭配。另外，班级的环境大部分是以幼儿制作的手工、绘画为主。

大班的孩子现在正处于幼小衔接的阶段，他们对文字是特别感兴趣的，所以我们利用有趣的文字线条，选用美术材料进行手工DIY，制作姓氏展示板。为了给孩子们提供更舒服的阅读空间，我们把阅读区从榻榻米移到课室，使空间变得更加宽敞。

图2-1-15　姓氏展板　　　　图2-1-16　底色原木色与蓝色、黄色搭配

图2-1-17　舒适的阅读区　　　图2-1-18　主色原木色搭配橙色的边框

融入公共环境（走廊过道、美术室）

融入公共环境（楼梯、走廊过道）

图2-1-19　主题内容融入公共环境

（二）户外环境创设

体验式课程重视户外环境的利用，以往的课程更多关注室内的环境，重点在墙面和区域，逐步拓展到廊道。体验式课程利用各种空间，注重户外环境的丰富化、功能化，把户外环境中的活动当作课程实施的重要组成部分，让幼儿真正在环境中学习。

1. 运动类活动场地

体验式课程中的体育运动主要包含自主性运动游戏、规则性运动游戏、体能锻炼活动等几种类型。场地设置上从单一"运动场"向多样化的"活动场"转变，兼具多种功能。

（1）集体运动场。面积小的幼儿园，统筹兼顾在集体运动场地上实现体育锻炼、早操、自主游戏和科学探索等多项活动目标。面积大的幼儿园既可以考虑为不同年龄段的幼儿创设户外活动场地，也可以创设不同功能的游戏场和运动场。

（2）攀爬、平衡、投掷、旋转等固定器械场地。户外场地中应创设能够促进幼儿大动作发展的攀爬区、平衡区、投掷区和旋转区等场地与固定器械，如固定滑梯、攀爬架、平衡木、荡船、转椅等，注意户外场地的地面应平整、防滑，无尖锐突出物，宜采用软质地坪。

图2-1-20　滑滑梯　　　　　　　　图2-1-21　攀爬架

（3）生态野趣区。应尽可能在园内规划一块贴近自然的运动和游戏区域，如小山坡、山洞、池塘、溪流、小桥、草地等，栽种适宜当地气候的果树，铺设大面积草坪，让幼儿在充分感受阳光、空气的同时，体验动植物的生命变化，培养他们的创造力和观察力。

图2-1-22　小山坡

图2-1-23　小池塘

2. 创造性活动场地

（1）角色游戏场地。场地设置上不需要明确标识出娃娃家、小医院、餐厅等角色游戏区，因为游戏主题和游戏内容是幼儿在体验式课程中不断生成的，而不是教师通过环境的布置强加给幼儿的。通常有顶的、较为封闭的空间，如帐篷、小亭子等场地更加适合生成娃娃家、医院等角色游戏；山坡、山洞、壕沟等场地有助于幼儿生成追逐、对抗类角色游戏；硬化的道路、明晰的辅助线有助于幼儿生成交警、加油站等角色游戏。

图2-1-24　"香雪总动员"泳池娃娃家

图2-1-25　"香雪总动员"自行车区

（2）建构游戏场地。建构游戏通常需要较为平坦、宽阔的场地，可以直接在宽阔的集中运动户外场地进行，夏天可以利用树荫、建筑物的背阴处或挂滤网进行防晒。应注意合理规划材料存放场地，注意易取放、易搬运、防水、防晒等问题。

　　总之，在环境的利用上，幼儿园的各类环境都有其特殊的功能和价值，要充分利用，相互配合，相得益彰。尤其是室内环境和室外环境是体验式课程的重要载体，要加强规划和设计，教师要处理好室内环境与室外环境的关系，根据室内外环境各自的特点来安排适宜的活动，而其最关键的问题是需要教师对整体环境进行设计和规划，对不同的环境及材料要进行活动的预估，避免环境中活动和经验的重复，以确保幼儿在环境中能不断获得不同的经验。

第二节　吸引：学习材料的投放

一、学习材料投放的特点

（一）尊重幼儿的个体差异和年龄特点

在投放学习材料时，应体现"以幼儿为本"的原则，要体现班级个性与特色教育，要体现幼儿在园学习活动的"痕迹"。依据各年龄阶段幼儿身心发展的特点及他们的发展需要，考虑各区域的不同特性，尊重幼儿的喜好，力求幼儿园的每一处、每一角、每一区、每一物都带给幼儿快乐、温馨和舒适的感觉，并赋予教育的内涵。

（二）充分考虑区域材料的安全性和适宜性

在区域材料的选择、区域之间场地的布局方面，环境是否安全，以及操作材料是否实用都是我们关注的。首先要考虑区域大小，是否高低错落，柜子的间隔摆放等。其次考虑投放的材料要材质好、耐用、结构层次强、使用频率高、设计内容有趣，还要根据幼儿年龄差异投放高、中、低水平的教玩具，及时更新教玩具。区域材料投放既要适应幼儿年龄特点，又要满足幼儿的个体差异，同时顾及幼儿的兴趣和需求。如中班数学区方块的数与量的操作材料应该是数字10以内，而大班则可以用20以内的数进行叠搭；小班表演区可以提供相应的音乐素材、沙锤、铃鼓或小动物的头饰等，以满足幼儿的需求；大班就可以提供乐谱、打击乐器、角色扮演服装等，供幼儿表演创编故事情节使用。

二、学习材料投放的过程

（一）合理规划区域

环境的改变能促进幼儿个性的发展。教师应在创设班级主题区域时根据幼儿的身心发展水平、知识经验、兴趣爱好等方面精心设计，注重室内环境、材料的更新。幼儿乐于进行重复性的活动，即使未改变操作的方法，也百玩不厌。幼儿在体验游戏的过程中学会分享、学会合作所带来的乐趣。

可以把环境活动区分为四大类型：表现性活动区（角色区、表演区、积木区、美工区、生活区、小手发展区）；探索性活动区（益智区、科学区、种植区、主题区）；运动性活动区（户外建构区、固定运动器械区、可移动器械区、自然游戏区）；欣赏性活动区（语言区、阅读区、展示区、摄影区）。

注意区域柜的摆放。因为班级活动区域较小，为了让幼儿有一个宽阔的游戏场地，材料柜摆放形式可以根据班级空间调整（如环形、间隔摆放、十字形等）。以动静结合的原则，把大部分区域柜子侧面靠墙面划分区域，同时采用三种区域柜（全透两层柜、半透三层柜、有背板的三层柜子）。为了幼儿在班上走动时不拥挤，既可以运用有背板的区域柜子进行间隔，还可以巧用柜背，如在柜背上展示幼儿进区计划表、进区流程图或者是进区操作指引等。

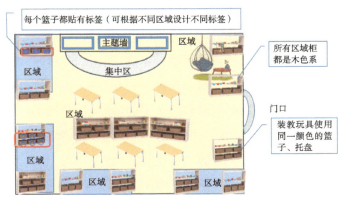

图2-2-1　班级环境创设区域平面

1. 规划班级主题活动区

主题活动区域基本上是灵活的，没有固定的模式，根据幼儿的经验背景，调整区域活动的种类，顺势生成与确定主题活动区，同时也将五大领域基础知识贯穿到区域环境中。利用环境促进幼儿的探究，引导幼儿与环境相互作用。另外，我们充分利用区域的空间，在区域柜的背面、小角落展示幼儿关于主题的调查表和记录表等。如主题科学区，创设主题墙面"我会用工具测量"指引图，幼儿进区活动时可以使用测量工具、讨论工具使用、探究测量方法等。

例1：科学区布局图

图2-2-2　工具操作指引　　　　图2-2-3　探究过程记录展示墙

2. 规划班级常规区域空间

（1）为使班级的每一块墙壁、每一个角落都与幼儿产生交流作用，可以创设不少于七个区域，每个区域都可以与主题产生互动，成为主题环境的一部分，如语言区、科学区、扎染区、美工区、编织区、木工区、建构区、生活区、数学区等。班级区域环境的规划可以说是幼儿的一种典型的情境性学习，而活动区的创设目的就是为幼儿提供一种有意义的学习情境。在设计班级环境时，主要以温馨舒适的氛围熏陶孩子的情绪，同时也可以利用白色的纱幔和高低的柜子作为各活动区之间的分隔物。柜子放置要稳妥，柜子内分格要清晰，因为幼儿活动时注意的稳定性和有意性较差，游戏目标易转移，所以区域柜材料的摆放很重要。比如，在美工区设置一个桌面操作材料柜可以直接把材料投放在开放的区域柜上，桌面材料高低错落有层次，这样在幼儿进区操作的时候就不再受传统区域材料柜的限制，而且可以使幼儿一目了然，清楚自己需要什么材料。

例2：美工区布局

图2-2-4　多种材料的投放　　　　图2-2-5　实现幼儿随手可取

（2）细节在于内涵，内涵中呈现的是幼儿学习的过程与痕迹。班级创设中，墙面主要用于记录幼儿在主题教学互动的痕迹和主题网络图；有教育痕迹的活动区，需要巧妙地有效利用区域柜的背面，把幼儿的亲子调查表格以及主题的探讨过程等整理呈现出来。有效利用闲置的空间，如柜门、门板、区域柜背面、钢琴背面等，利用这些空间呈现"班级公约""值日生流程图""入园流程图""户外活动回来示意图""进区卡""进区计划板"以及各区域操作材料的示意图等。

例3：有效利用区域柜

图2-2-6　记录表展示柜　　　　图2-2-7　绘本补修指引

图2-2-8 进区规则

（3）细想慢做，只有你想不到的，没有你做不到的。幼儿容易受周围环境的干扰，因此在设计区域活动的时候应注意动静结合。班级区域环境比较注重的是区域中的小区域规划，那么如何在常规区域呈现"区中有区"的教学环境呢？以小班开展的主题活动"萝岗小农夫"为例，先设置固定活动区，再进行更为细致的划分，把"生活区"划分间隔出石磨吧、泡茶吧、DIY水果吧等；把"娃娃家"划分间隔出面包店、水果店、化妆间、买卖区等；把"语言区"划分为DIY图书吧、"爱听故事的小农夫"、角色扮演区等；把"种植园"划分间隔出两个小板块——室内种植区、室外种植园地，室内种植区主要观察记录植物的生长过程，室外种植园地主要让幼儿亲身体验农家乐。所有区域都经过精心设计，所以在区域开放的时候幼儿显得积极主动，乐于自主选择感兴趣的活动区域。

例4：生活区布局

图2-2-9 石磨坊

图2-2-10 茶吧

例5：娃娃家平面

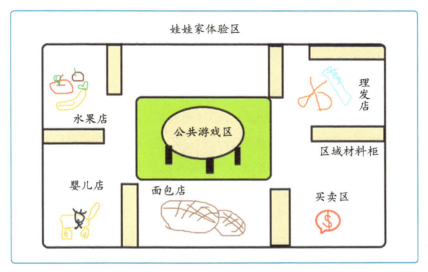

图2-2-11　娃娃家体验区

3.共享活动区

区域活动时间开放、环境开放、人际关系开放，因此能够使幼儿在轻松、愉快、自愿的状态下根据自己的兴趣爱好选择活动的内容。教师应在创设共享区域的活动中精心设计，让幼儿体验游戏中合作所带来的乐趣，更符合以"儿童发展为本"的教育理念。如我园有效利用走廊过道、功能室、楼层平台、操场、架空楼层等公共场所设置了共享活动区域。在这里，不同年龄段、班级的幼儿可以同时开展区域互动游戏。我们通过有效的指导策略来促进幼儿在共享区域积极互动，这种区域互动形式拓展了幼儿的活动空间和交往范围。幼儿园活动区是根据活动内容的类别对空间进行划分后形成的区域。一般来说，幼儿园可根据空间大小或课程需要，将每个班级的活动室隔成若干个小型的区角，又或者把公共区域划分为各领域区角。活动区可以让幼儿根据自己的水平和需要选择材料进行个别性或小组性操作的活动。我园在开展区域联动时，突破了传统幼儿园区域活动仅限一班使用的弊端，有效扩大了游戏的活动空间，让不同年龄的幼儿一起参与游戏活动，使材料、经验得到共享，同时也减少了班与班之间投放材料的重复性，减少了老师的工作量。不同班级、不同年龄段幼儿之间相互学习、相互激发，可以真正实现经验的共同分享，从而有效促进幼儿的主动发展。

（二）提供丰富的区域材料

1. 投放区域材料

幼儿园区域活动材料投放需要注重幼儿的个性发展，需要注重培养幼儿良好的生活习惯，需要注重幼儿的身心健康发展。教师在选取和设计操作材料的时候，只关注材料的趣味性和游戏性是不够的，还要考虑材料是否具有探索性、可变性，能否产生深度学习，是否深得幼儿喜欢等。

2. 根据年龄投放区域材料

想让幼儿在区域活动中能充分发挥自我能动性，首先就得在材料上给予充分的支持和引导。这不仅体现在各区域的教玩具的准备上，还体现在班级区域中的操作流程图、指引图以及作品展示等。

例如，小班幼儿正处于各种规则意识、兴趣、习惯的培养阶段，所以区域规则的设定要跟环境教育相结合，每个区域都设定进区规则、材料的操作示意图等。在幼儿进区域的时候会观察到区域材料流程指示图，他们会尝试根据操作提示或者要求操作材料，有了目标意识，幼儿才能在操作中得到满足。

图2-2-12　区域标识流程指引

又如，在中班积木建构区，他们会根据示意图先把材料放在对应的格子内再进行游戏，游戏后也会根据示意图把材料放回对应的柜子。同时在建构区中我们可以提供一些建筑图片、实物展示品等，让幼儿在操作过程中更加直观地思考创新。

图2-2-13　进区自绘图标

再如，生活区的真实场景创设。我们在生活区投放最真实的工具，如儿童水果刀、煎锅、石磨、捣蒜器、搅拌器、面条机、榨汁机等。在生活区的水果吧操作台上可以明显看到"穿围裙—洗工具—洗水果—切水果—榨汁—用果汁和面粉和面—擀面（步骤/方法图）—分享成果—收拾工具"的指引，确保幼儿在自主区域活动中能看了就会操作，观察了就懂调整，思考了就能创新，让所有的材料能在幼儿自主的操作下真正地"活"起来，让幼儿在自主的区域活动中有条不紊地学习。

3. 材料的结构性和层次性

每个孩子都是独立的个体，每个孩子的能力也各不相同，要满足不同层次孩子的游戏需求，就要为孩子提供有层次性的游戏材料，不同区域材料的投放也是有所不同的。区域材料分为：操作工具、高结构材料、低结构材料。

（1）表现性活动区。表现性活动区有角色区、表演区、积木区、美工区、生活区、小手发展区等。以美工区为例，材料投放的要求主要在于环境创设需要具有艺术性，能够激发幼儿的创作热情；材料投放整齐，具有明显的分类标签；材料需要针对幼儿年龄特点并考虑幼儿的个体差异来选用。

在美工区，操作工具有剪刀、绳子、胶水、画笔、颜料、画纸、手工折纸等。低结构材料可以投放自然材料，如贝壳、木片、树枝、石头、杯子、纸碟、长短纸板、塑料瓶、鸡蛋托、幼儿半成品等。

一般来说，高结构材料就是为了让幼儿学会某一种技能或者知识而设计的操作材料，有一定的玩法要求和说明，比如在美工区可以投放拓印布袋、装饰灯具、涂鸦帐篷、马赛克杯垫等，既能激发幼儿玩的兴趣，又能满足幼儿探究的欲望。

（2）探索性活动区。探索性活动区包括益智区、科学区、种植区、主题区等。以主题木工区的材料投放为例，如果课室空间小，可以利用班级门口的过道空间创设区域，展示与保留每次幼儿深度学习后的成果。操作工具可以投放胶条、胶枪、手套、锤子、螺丝刀、螺丝、电钻、锯木机、钳子、围裙等。低结构材料可以投放木片、年轮片、小木块、各种形状的木块、木条、木板、松果、雪条棒、羽毛球、假花假草、水管等。在高结构材料的投放方面，可以提供一些固定的操作桌面、展示架等。为了打造生动的木工区环境，还可以用装饰的花瓶、植物、吊饰等多元素的材料予以支持，借助与低结构辅助材料之间的互动，促进幼儿动手操作实践能力的发展，并激发幼儿的创造能力和想象能力。幼儿通过想象自主创作、组建或塑造大型建筑物的基地或造型等。

图2-2-14　主题木工区

（3）运动性活动区。运动性活动区包括户外建构区、固定运动器械区、可移动器械区、自然游戏区等。以户外建构区为例，材料的投放需要分类存放、方便拿取。

结构性材料是建构游戏开展的前提和基础，根据不同性质，建构材料可分为低结构和无结构两类。低结构材料有积木类、积塑类、废旧材料等。幼儿通过动手操作，根据自己的需求改变和调整材料，把无意义的材料组合成有意义的建构作品。在户外建构游戏材料投放时，可以准备一些无规定玩法、无具体形象特征的低结构材料，让幼儿随意组合、一物多用。

图2-2-15 低结构材料

（4）欣赏性活动区。欣赏性活动区包括语言区、阅读区、展示区、摄影区等。以语言区为例，语言是幼儿学前时期非常重要的交流工具，语言区作为发展幼儿语言能力的重要形式，其材料的投放就显得尤其重要。在语言区域材料的投放时，可以从不同年龄段幼儿的语言发展水平出发，同时兼顾材料有趣、形式多变、可操作性强等，才能有效促进幼儿语言的发展。

表2-2-1　语言区材料投放

小班	布艺小书、有声电子书、找找小动物、看图配词、连一连、套皮筋、装饰文字、拓印文字
中班	制作图书、修补图书工具、图钉扎文字、排图讲述、看图组成一句话
大班	砂子画字、相反国、猜字宝宝、象形文字、钓鱼、我的名片、创编故事

在材料投放时，可以着重提供一些有助于氛围营造的物件，如沙发、台灯、抱枕、地垫等，提供的材料也可以融入幼儿作品元素，如图2-2-16中的抱枕印有幼儿自编自画的故事，每次进区的时候孩子们都会抱着有情景的抱枕进行故事讲述。

图2-2-16　有情景的抱枕

第三节　可视：学习过程的呈现

一、呈现幼儿学习过程的意义和方式

（一）幼儿学习过程的可视化（呈现）对幼儿发展的意义

幼儿的学习是一个不断发现问题、解决问题的过程。幼儿的思考、质疑、讨论和表达，成了探究活动不断延展的线索和切入点。但是如果没有具体、可视的方式进行梳理呈现，幼儿的经验可能是点状零散、毫无关联的。而幼儿学习过程的可视化呈现可以帮助幼儿梳理学习轨迹，实现经验的持续增长，凸显课程活动的价值和内涵。

幼儿在体验式课程学习过程中，经历了大量的观察探究、实践操作，但是也会出现经验重复、认识不深入的现象。为了直观呈现课程的周期变化和发展过程，让幼儿感知体验式课程的学习轨迹和经验的持续促发，需要把幼儿的学习过程做可视化呈现。

（二）幼儿学习过程呈现的内容、方式

《儿童的一百种语言》一书中提及：孩子有一百种语言，一百双手，一百个想法，一百种思考、游戏、说话的方式，一百种聆听、惊奇、爱的方式，一百种歌唱与了解的喜悦。[1]由此可见，幼儿的表达方式是多种多样的，幼儿可以运用任何一种形式或多种方式来记录和表达自己在活动过程中所经历的记忆、想法、预测、假设、观察、情感和问题解决。

---

[1] 卡洛琳·爱德华兹，莱拉·甘弟尼，乔治·福尔曼. 儿童的一百种语言 [M]. 罗雅芬等，译. 南京：南京师范大学出版社，2006.

幼儿的学习过程通过各种表征来呈现。表征在不同的领域里有不同的内涵，从认知心理学出发，可以分为内在表征和外在表征，其中，外在表征是指以文字、符号、图形、具体操作或实际情境等形式存在的、可观察的对象形式。[①]表征作为幼儿表达对外界世界的认知和自身情感的一种语言，可以留下反复观摩和思考的痕迹，为幼儿提供了相互交流、自我发现、自我完善的平台，对幼儿的学习起到了促进作用。

"可视化"是指借助视觉语言将数据转换成符号或图解方式呈现出来，以促进人与人之间经验的创造和传递。"幼儿学习过程的可视化呈现方式"，可理解为"可视化表征"，即将幼儿实践活动中对课程资源的理解和认识、感受和体验，用图片、符号、绘画等形式进行表征呈现，达到"经验可视化""感受可视化"的目的，从而让人看得见幼儿在学习过程中与课程内容的深度对话以及和老师、同伴、环境有效互动的学习过程。[②]"可视化表征"呈现了幼儿循序渐进、由浅入深的学习过程，也是幼儿展现真实体验、收获学习能力、梳理学习轨迹、获得多元经验的学习过程。

幼儿学习过程的表征记录内容包括幼儿学习过程的影像、幼儿作品、各种记录单、探究过程中的对话等。幼儿在学习过程中常用的表征方式有图示表征、作品表征、语言表征、动作表征等。

1. 图示表征

图示表征既可以是运用图画、图形的表征，也可以是运用日常生活中约定的数字或符号的表征。图示表征相对简洁，具有约定俗成的特点，便于幼儿表征记录、交流表达。

2. 作品表征

幼儿在不同的活动中会形成不同的作品，如美工区的泥塑作品、剪贴作

---

① 姜慧慧. 义务教育阶段学生数学表征能力的测评［D］. 上海：华东师范大学，2014：5-6.

② 严英. 可视化表征：看得见幼儿与资源的深度对话——以大班主题活动"虞美人的故事"为例［J］. 早期教育，2021，1023（39）：18-20.

品、手工作品、绘画作品等，建构区的各种拼插作品，数学区的图形组合拼图、按规律装饰的项链或服饰，生活区中的纽扣、夹子等作品，语言区的自制小书等。

3. 语言表征

在活动中，幼儿经常运用的表征方式是语言表征。幼儿在活动中的语言表征既有自发的、个性化的语言表征，也有教师引导下的语言表征。

4. 动作表征

在游戏活动中，有时幼儿可能运用不同的动作或神态进行表征。

二、主题活动中幼儿学习过程的呈现

主题活动是指关注幼儿生活中感兴趣的事物，充分利用周边资源，生发真实自然、生动有趣、价值适宜的活动。在主题活动的开展中，常用到的幼儿学习过程呈现方式，即可视化表征，有以下几种。

（一）活动前的表征

活动开展前，教师鼓励幼儿表征，引导幼儿把隐性的活动想法通过显性的方式有序地表征出来。

以主题活动调查表为例，通过调查表的形式，引导幼儿运用图示表征记录前期的调查内容；在分享调查表时，幼儿结合语言表征的方式对调查表进行表述。调查表的记录方式既可以是图表、图画、文字、符号，也可以是幼儿的调查照片、家长的辅助文字注释等。

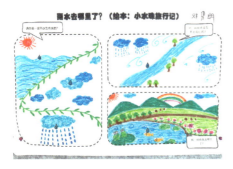

图2-3-1　"雨水去哪里了"调查表　　图2-3-2　调查表在环境中的展示

（二）活动中的表征

在主题活动开展过程中，根据主题内容、不同年龄段幼儿的特点，教师引导幼儿综合运用表征方式，主要包括语言表征、图示表征、作品表征等。

1. 集体讨论或小组讨论中的呈现

幼儿的谈话讨论展示了幼儿当下的兴趣点、思维方式、认知水平等。记录幼儿谈话内容常用的表征方式有以下几种。

（1）教师用图像、文字注释进行的思维导图、图文要点记录，后期可呈现在主题墙等班级环境中。

（2）幼儿用图画、符号进行表征记录，教师将幼儿的记录进行文字备注。

（3）借助电子设备的记录，如录音、视频等。幼儿在回听录音时，会有不同的感受、发现和思考。语音、视频还可以生成二维码，呈现在班级环境中。

图2-3-3　"布游戏大PK"记录表　图2-3-4　绘本剧角色讨论记录表

2. 活动中的学习痕迹呈现

幼儿在不同的活动内容中会留下不同的作品，例如统计表、记录表、设计图、操作步骤图、活动流程图、平面作品（如绘画、剪纸、粘贴等）、立体作品（如手工、建构等），以及戏剧表演等。

图2-3-5 幼儿绘画作品

图2-3-6 幼儿建构作品

（三）主题墙呈现

环境是幼儿园教育活动的"隐性课程"，班级墙面环境可以说是幼儿接触得最多的环境。主题墙不仅具有美化环境的作用，也是幼儿学习成果的展示平台，更是对幼儿发展与进步的点点滴滴的记录。[①]主题墙的布置基本追随主题活动的进程，主题墙的内容呈现是幼儿学习与发展的轨迹，在表征形式上主要用到的是文字、符号、幼儿活动照片、美工作品、幼儿音视频生成的二维码等。

文字是主题墙中用得较多的，主题墙上每一个版面都会有教师的文字解说，有的用来梳理表明主题的思路、进程，有的是用来解说某一个具体活动，有的是记录幼儿的语言。考虑到幼儿的年龄特点和兴趣，在记录过程中教师有时会用到替代文字的符号、图形。

图2-3-7 "有趣的水世界"主题墙面

图2-3-8 "叶子探秘"主题墙面

---

① 孙运改. 幼儿园主题墙创设个案研究［D］. 南京：南京师范大学，2017.

三、自主游戏中幼儿学习过程的呈现

幼儿园自主游戏是指幼儿在幼儿园相应的教育环境中，根据自己的兴趣、需要，自由选择游戏材料、自主确定游戏玩伴、自主生发游戏内容和主题、协商解决游戏冲突，发挥儿童的主动性、参与性、创造性，伴随幼儿主动体验的游戏活动。自主游戏一般按照"计划—操作—回顾"的过程具体展开。

（一）计划

计划是幼儿对活动进程、活动结果的安排和预期，是幼儿学习活动的逻辑起点。[1]计划的内容一般包括做什么、怎么做、在哪儿做、和谁一起做；计划的形式可以是个人的计划、小组的计划、集体的计划。

在活动开展前，教师鼓励幼儿运用图示表征的方式，清晰地表征计划并与同伴分享自己的计划，这样做能有效促进幼儿对活动的思考。

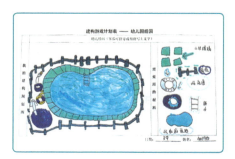
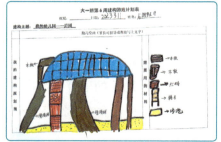

图2-3-9　建构计划表　　　　　图2-3-10　大班建构计划表

（二）操作

活动过程中拍摄的幼儿照片、录制的视频，操作过程的操作纸、作业纸，在活动中完成的各类作品，都是幼儿操作的具体记录。

---

① 吴雨纾.提高大班幼儿活动计划能力的策略［J］.早期教育，2013：3.

图2-3-11 "你好，小学生"建构现场

图2-3-12 大班建构场景

（三）回顾

1. 成果及展示

不同的表征记录，可以运用不同的、适宜的方式进行呈现，例如影像用照片方式呈现、对话可以文字记录或用小视频呈现、收集的物品可以摆台呈现、记录单或课程故事可以用成长档案呈现等。

2. 反思与回顾

可以让幼儿对自己的计划进行检验，关注计划的实现与否。只有与操作、回顾联系起来，计划才具有意义。

3. 活动评价

自主游戏中的评价同样可以展示在环境中，如幼儿在游戏中可以用贴纸、图画等对自己或者同伴的作品进行评价，这样的自评和他评，可以吸引幼儿更加愿意参与到学习过程和班级环境创设中来。

四、一日生活中幼儿学习过程的呈现

幼儿园一日活动是指幼儿从入园到离园的一天时间里，在幼儿园室内外各个空间里所发生的全部经历。包括入园环节、进餐点环节、喝水环节、盥洗环节、如厕环节、午睡环节、自由活动环节、离园环节及集体教育活动环节等。

图2-3-13　幼儿一日生活流程指引　　图2-3-14　"七步洗手法"指引

第三章

体验式课程的组织与实施

体验学习理论为学前教育课程的开展提供了方法论的指导，基于大卫·库伯提出的"具体体验—反思观察—抽象概括—行动应用"体验学习圈模型，结合幼儿园课程实施特点，在体验学习圈模型的基础上形成了体验式课程组织模式。该模式根据幼儿学习方式和学习特点，针对不同的内容和经验，提出了三类具体的组织模式——简单的事实性（程序性）知识组织模式、直接性知识组织模式和间接性知识组织模式。基于体验式课程组织模式，我们也形成了多种具体的组织形式，如实地调查、专家访谈、猜想验证等。在实践中，教师根据实践经验，反复凝练，总结了多种有效的教师指导策略，如激励评价、观察解读等，同时，也形成了具体的一日生活、主题探究及自主游戏等多样化的课程实施方式。

第一节 体验式课程的组织模式与实施方法

一、体验式课程的组织模式

　　课程组织模式是园所实施课程的重要抓手，良好的课程组织模式可以确保教学内容的有机组合和连贯性，有助于教学目标的达成。合理的课程组织模式可以激发幼儿的学习兴趣，提高学习效率和积极性，使学习变得更加有趣和有效。在课程组织模式的指引下，教师可以更好地掌握教学进度和教学质量，更好地组织和管理教学活动；同时，教学内容和评价标准更加清晰明确，可以更好地评价幼儿的学习与发展，也可以帮助教师开展自我评估。此外，园本课程中能创新一个课程组织模式，可以引领教育教学的改革和创新，提高教育教学的质量和水平。

　　课程的组织模式是教育教学中必不可少的一部分，在园本课程建设中，依据体验学习理论及体验学习圈模型，我们对体验式课程的组织与实施进行了多轮实践与调整，最终形成了体验式课程组织模式。

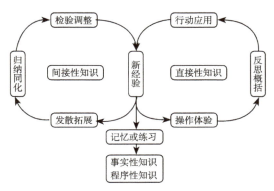

图3-1-1　体验式课程组织模式

从图3-1-1体验式课程组织模式中可以看出，教学的中心始终是围绕幼儿经验的，在一日生活、主题活动、自主游戏等不同的课程样态中，幼儿的经验类型是不同的，有些是需要通过亲身感知而获得的知识经验，即直接性知识经验；有些是可以通过书籍、网络搜索、口耳相传获得的知识经验，即间接性知识经验。而在这一过程中，幼儿需要经历反复的归纳、内化等过程，去获得经验，不断重组更新自己的认知图式。当然，也有一些事实性知识或程序性知识可以直接通过记忆或练习来获取。

为此，在体验式课程组织模式中，我们针对不同类型的知识经验开发了三类模式。

第一类是简单的事实性（程序性）知识组织模式，即幼儿在面临一个新经验时，只需通过简短的识记和简单的重复练习就能获得。事实性知识是指幼儿生活和学习中的一些常识、事实，程序性知识是做某事使用的技能、方法和流程。事实性知识与程序性知识皆为基础性知识，一般存在于幼儿的一日生活中，如香蕉是水果、种子需要水才能发芽、洗手的流程等。

第二类是直接性知识组织模式。直接经验需要幼儿通过亲身体验和动手操作去深度理解，对于3—6岁儿童，直接经验和亲身体验是最常用的学习方式。在操作体验过程中，幼儿会对自己进行反思，对一些零散性经验进行概括和概念化，并将宝贵的经验再次在行动中应用和检验，而这一过程由此也产生了新问题、新经验。幼儿的学习和发展正是在这样的循环往复中不断螺旋上升的。

第三类是间接性知识组织模式。在这类模式中，教师和幼儿在面临新经验时，会利用查阅书籍、寻找网络资源、询问师长或有经验的人，不断收集和拓展相关经验，丰富对新知识的认识。通过同伴间交流、分享和讨论，幼儿不断对繁杂的知识进行归纳和内化，同时在实际的探究学习过程中，对这些知识进行检验，不断调整自己的认知图式，从而产生新的疑问和所要学习的新经验。

二、体验式课程的实施方法

幼儿园课程体现动态性、过程性、游戏性和情境性，是幼儿在一日生活中获得直接经验的过程（虞永平，2022）。课程实施的基本途径是教学和活动的组织，教师需要选择与课程目标相匹配的教学方式和活动形式，才能实现课程要素之间的衔接和幼儿经验的连续（田方，2023）。幼儿园体验式课程中的活动多种多样，包括体验式主题活动、体验式自主游戏和体验式生活活动等，探索多样化的课程实施方法，是课程有效实施的保障。

（一）实地调查

实地调查法是借鉴人类学田野调查的方法，让幼儿亲自到现场进行观察走访，收集第一手资料的过程。实地调查最重要的研究手段之一是参与观察，幼儿通过观察了解和认识调查对象，并通过拍照、录音、记录表征等形式收集资料。具体包括以下程序。第一，准备阶段。教师和幼儿根据活动目标和需要，商讨并选择调查地点、准备调查问题、设计调查表格等。第二，调查阶段。到达调查地点后，幼儿根据调查目标仔细观察，利用纸笔、相机等工具进行记录，对于想要深度了解的问题可以辅助相应的访谈。第三，分享交流阶段。教师和幼儿根据幼儿收集的资料，进行分享交流，信息共享。第四，补充调查阶段。教师和幼儿根据资料收集情况，反思是否达到活动目标，进一步商讨是否需要补充调查，完善资料和信息的收集，如有需要可以调整调查地点、调查表等再次进行实地调查。例如在中班主题活动"交通之变"中，幼儿想要了解关于车的秘密，于是教师带领幼儿到停车场去实地调查，幼儿观察并记录车牌号的构成，统计并记录车的车型、颜色。经过交流分享，幼儿了解到车的部分信息，后续继续到地铁站参观调查，了解更多的交通出行方式。

（二）团体讨论

团体讨论是指团体成员围绕一个共同的话题发表各自的意见，并听取他人的意见，及时修正自己原来的看法，互相合作，进行深入的探讨。团体讨论的目的不在于讨论之后的结论，而在于借助讨论过程促使成员充分地参与、沟通意见，自由发表意见，学习尊重的态度以及合作的方法。团体讨论的类型可以是分组讨论、圆桌式讨论、辩论式讨论等。例如大班在开展体验式主题活动"小学，我来啦"中，幼儿针对"幼儿园好还是小学好"开展辩论式讨论，孩子们仔细倾听，各抒己见，通过讨论幼儿对于幼儿园生活和小学生活更加清晰明了。

（三）专家访谈

专家访谈是指幼儿以口头交流的形式，根据活动目标和活动需要，向经验丰富的、具有代表性的专家提出相关问题，并根据回答收集材料的方法。具体做法为准备访谈问题—提问与回应—信息记录。例如中班体验式主题"种子的秘密"活动中，幼儿在种植种子时总是出现不发芽、难生长等问题，通过向幼儿园的花工叔叔、有丰富种植经验的爷爷奶奶进行访谈，最终解决问题并顺利种植。

（四）计划反思

计划是指幼儿在游戏前对于游戏主题、游戏内容、材料和同伴等游戏要素的思考和计划；反思是指游戏活动结束后幼儿对于游戏活动中遇到的问题、改进的策略、下一步游戏的计划以及自我在游戏中的情绪状态、专注状态等进行的回顾和思考。计划反思策略在自主游戏活动中使用的频率较高，幼儿在自主游戏前，可以将自己想要进行的游戏内容和使用的材料进行计划表征，然后与同伴进行分享，游戏活动后通过教师的提问或幼儿自我反思评价，调整游戏策略，以促进下一次游戏活动。

（五）实际操作

实际操作是指幼儿在体验式活动中，亲自动手操作，手脑并用，以掌握相关技术、知识和技能。实际操作以观察思考和动手操作相联系为特征，具体可包含以下环节：计划操作步骤、准备操作材料或工具、实际体验操作、调整操作方案等。例如幼儿园小班生活活动中，为了让幼儿掌握叠衣服的生活技能，教师可以将叠衣服的过程进行步骤分解，并进行示范讲解或制作图示，然后让幼儿准备不同的衣服，根据教师示范或图示进行实际操作。教师根据幼儿的操作情况调整或优化操作方案，以帮助幼儿掌握生活技能。

（六）实验操作

实验操作是指幼儿运用一定的仪器、材料、设备等进行操作，观察事物和过程的发生及变化，探求事物的规律，以获得知识和技能的方法。实验操作的基本步骤包括：提出实验猜想—实验准备—实验操作验证—实验反思。例如小班在开展"有趣的水"活动中，幼儿对于什么东西能够运水产生了疑问。于是小朋友进行实验猜想，收集了碗、勺、篮子、瓶子、管子等各种材料，通过实际操作来验证猜想，最终反思总结，发现长长的管子运水最为方便，而有孔的篮子没办法运水。

（七）戏剧表演

戏剧表演是指以角色表演为中心，同时融合文学、音乐、美术、舞蹈以及造型、灯光、服饰等各种艺术成分，幼儿通过扮演角色、运用动作来表演故事情节，以反映生活、刻画人物形象的舞台艺术。完整的幼儿戏剧表演应包含戏剧文学创作（演什么）、戏剧排练（怎么演）、戏剧表演（观看欣赏）等内容。例如新冠疫情期间，在中班体验式活动"抗疫大作战"中，为了让幼儿对抽象的病毒、人体免疫等有具象的认知，师幼共同创编绘本《打败病毒小怪兽》，并进行角色分配、台词创编、剧目设计、服装道具制作、戏剧展演，丰富了幼儿对病毒、抗疫的直接经验。

（八）户外建构游戏

户外建构游戏是指幼儿在户外宽阔自然的环境中，利用各种建筑和结构材料，通过各种建筑和构造活动，以反映现实生活、满足创作需求的游戏。开展户外建构活动包含经验铺垫、制订建构计划、商讨分组、合作建构、分享总结、反思改进等环节。例如在大班体验式活动"探秘地铁"中，幼儿计划搭建广州地铁6号线。幼儿首先实地参观地铁，了解地铁的组成，然后制订建构计划，自由商讨分组，有的负责搭建地铁的安检通道，有的负责搭建地铁的轨道，有的负责搭建地铁的车厢座位等。然后幼儿合作建构作品，并相互参观交流，提出改进意见，幼儿根据他人意见及自身反思，再进行下一步建构计划，依次循环，直到幼儿更换新的建构主题。

（九）艺术创作

艺术创作是指从自身已有经验出发，运用一定的创作方法，通过对现实生活的观察、欣赏、体验、选择、加工生活素材、塑造艺术形象、创作艺术作品的过程。幼儿艺术创作的形式有音乐、舞蹈、雕塑、工艺、绘画、书法、文学、戏剧等。幼儿的艺术创作一般可分为艺术体验、艺术构思和艺术表现三个阶段。例如在"滴答滴答下雨了"活动中，幼儿首先在下雨天到户外开展观雨、听雨、摸雨、尝雨等体验活动，然后对生活中的雨进行加工、提炼、艺术构思，最终采用不同的形式进行艺术表现。例如，有的利用不同的乐器来模仿雨水的声音，有的用水彩描绘下雨天的样子，有的用刺绣的方式绣出雨天的雨伞等。

（十）亲子活动

亲子活动是指幼儿园提供一定条件，以亲子感情为基础，以幼儿与家长（尤其是父母）互动游戏为核心内容，发展幼儿各方面能力，增进亲子关系的教育活动。常见的体验式亲子活动有亲子体育活动、亲子音乐活动、亲子手工活动、节日亲子活动、亲子运动会、亲子艺术节等。亲子活动的开展能够充分调动家长的积极性，将家庭教育资源有效纳入体验式课程资源。

第二节　一日活动安排

一、一日活动的特点

（一）一日活动的界定

　　幼儿园一日活动是指幼儿从入园到离园的一天时间里，在幼儿园室内外各个空间里所发生的全部经历。幼儿园一日活动以游戏为基本活动，寓教育于各项活动之中。《广东省幼儿园一日活动指引》根据幼儿活动的属性，把幼儿园一日活动划分为四种类型：生活活动、体育活动、自主游戏活动和学习活动。[①]高淑云指出在高瞻课程中，幼儿一日生活安排（Daily Routine）一般包括九个环节：问候时间（Greeting Time）、计划时间（Planning Time）、工作时间（Work Time）、收拾和整理时间（Clean-up Time）、回顾时间（Recall Time）、茶点时间（Snack Time）、小组活动时间（Small-Group Time）、大组活动时间（Large-Group Time）以及户外活动时间（Outside Time）。[②]宋文霞与王翠霞经过对一日生活的系统考察，将一日活动划分为九个环节，包括入园环节、进餐点环节、喝水环节、盥洗环节、如厕环节、午睡环节、自由活动环节、离园环节及集体教育活动环节。[③]广义的生活活动是指幼儿在园所经历的全部活动；狭义的生活活动是指来园、离园、进餐、睡

---

① 广东省教育厅印发. 广东省幼儿园一日活动指引［DB/OL］. http：//edu.gd.gov.cn/gkmlpt/content/2/2094/post_2094129.html#1622.

② 高淑云. 高瞻课程中的一日生活安排［J］. 早期教育，2010（7）：20-21.

③ 宋文霞，王翠霞. 幼儿园一日生活环节的组织策略［M］. 北京：中国轻工业出版社，2012：1.

眠、盥洗、散步、自由活动等。①

由此可见，我国大部分研究者主要把一日活动分为生活活动、自主游戏和集体教学活动几大类，其中生活活动又包括入园、晨检、早操、进餐、盥洗、喝水、如厕、午餐、午睡、离园等。

结合本园多年教育实践，将一日活动整理归纳为六大类：教学活动（集体活动、分组活动、自主游戏活动）、入园时刻、餐前餐后、活动过渡、自理时刻、离园时刻。

（二）幼儿一日活动的特点

1. 以幼儿为中心

一日活动安排的主体为幼儿，应以幼儿的已有经验为基础，以幼儿的全面发展为目的。不同年龄阶段幼儿的能力发展不一，只有了解幼儿的生长、学习、发展规律，掌握幼儿已有的认知水平，科学准确地判断幼儿发展节点和需要，敏锐地抓住幼儿"最近发展区"，才能保障一日活动教育的科学性、有效性，使幼儿的各项能力得到有序、渐进发展。

2. 各个环节时长适宜，兼顾多样性、丰富性

《幼儿园工作规程》中提到，"教育活动的组织应当灵活地运用集体、小组和个别活动等形式，为每个幼儿提供充分参与的机会，满足幼儿多方面发展的需要，促进每个幼儿在不同水平上得到发展"。幼儿一日活动各个环节应时长适宜，兼顾内容的多样性、丰富性。幼儿全面发展要求安排多样、丰富的一日活动，活动应满足幼儿多方面发展需要，而且一日活动的效果受幼儿活动时长的影响，活动时长得到保证是活动效果的保障，科学合理的一日活动应有合理的时间安排。

---

① 华东七省市、四川省幼儿园教师进修教材协编委员会编.幼儿教育学［M］.上海：上海
　教育出版社，1987：203.

表3-2-1　幼儿园一日活动安排

时间	活动内容	备注
7：55—8：10	幼儿入园晨检、晨间活动	
8：10—8：50	早餐及餐后自选活动	
8：50—9：20	早操	
9：20—10：10	教育活动	
10：10—10：30	整理及吃水果	
10：30—11：35	户外体育活动、各类游戏	
11：35—12：10	午餐及餐后自选、散步	
12：10—14：30	午睡	
14：30—15：10	起床、盥洗、午点及餐后自选活动	
15：10—16：15	各类游戏、户外活动或入功能室活动	
16：15—16：30	离园前准备	
16：30—16：35	幼儿分段离园时间	小班级
16：35—16：40		中班级
16：40—17：00		大班级

3. 安排具体，分工明确

《广东省幼儿园一日活动指引》明确提到幼儿一日活动的活动类别、活动环节以及活动基本要求，其中活动基本要求中对教师、保育员和保健医生提出了基本、可行的要求。因此在设置一日活动的具体安排时，应具体明确需要关注幼儿的哪些行为、可以在哪些方面进行教育，及保教人员的具体工作细则。需对保教人员进行具体分工，落实各项工作职责，确保幼儿一日活动的正常开展进行。

表3-2-2　幼儿园一日活动常规管理细则

活动内容	幼儿常规	保教人员管理细则
入园	★能主动跟老师、小朋友打招呼 ★书包能放在指定的地方，进行简单的劳动，如挂毛巾、放水杯等	★一名教师在门口热情迎接幼儿，指导幼儿进行简单的劳动和相关的晨间准备 ★一名教师做好餐前准备

续 表

活动内容	幼儿常规	保教人员管理细则
进餐	★能有序排队洗手，方法正确，节约用水 ★学习做值日生，如擦桌子，发餐巾、餐碟等 ★愉快、安静地进餐，正确使用餐具，细嚼慢咽，不挑食，不剩饭菜 ★餐后能收拾桌面，放餐具、擦嘴及漱口	★组织指导幼儿按正确的方法洗手 ★创造轻松愉快的进餐氛围，教师巡回指导幼儿用餐，培养良好的用餐习惯，不做其他无关的事情 ★介绍饭菜，刺激幼儿食欲，根据幼儿饭量添食 ★合理安排餐前及餐后活动
学习活动	★兴趣浓厚，能积极参加各类游戏活动 ★有良好的规则意识和学习习惯，遇到问题能动脑思考 ★敢大胆发言	★课前教学准备充分，选材符合本班幼儿年龄特点和认知水平，教学形式多样 ★活动中要注重发挥幼儿自主性和创造性，仔细观察幼儿，做到既面向全体，又注意个别差异 ★教育环节转换自然
户外体育活动、各类游戏	★情绪愉快，遵守规则，积极参加游戏活动 ★正确使用玩具，爱护玩具，能学习整理和收拾玩具 ★游戏中有互助精神，同伴间谦让，会合作 ★学习自律自理，如能根据冷热增减衣服；学习自我保护，不做危险的动作	★做好游戏前的准备，活动前提醒幼儿如厕、喝水 ★保证充足的游戏活动时间，掌握活动量 ★组织活动时不得闲聊，科学组织游戏，确保安全 ★督促幼儿及时擦汗、喝水，注意对体弱幼儿的个别照顾 ★注意观察幼儿，参与游戏，积极引导
午睡	★如厕，安静入寝室 ★按顺序脱衣、鞋、袜，折叠整齐放固定地方，鞋摆整齐 ★不带小玩物上床，盖好被，安静入睡 ★养成良好的睡姿与习惯	★教师做好睡前安抚工作。生活教师指导幼儿养成正确的睡姿，尽量让幼儿在30分钟内入睡 ★加强巡视，发现异常、特殊情况及时报告与处理 ★值班人员不能以任何借口离开寝室做私活、聊天、睡觉等，并做好交接班工作
离园	★穿戴整齐，收拾好物品，安静进行自选游戏	★组织幼儿离园前饮水、擦脸和收拾衣物 ★检查幼儿是否有受伤及不适的情况 ★组织安静的自选游戏活动

续 表

活动内容	幼儿常规	保教人员管理细则
离园	★排队到园门口等待放学，听到刷卡的声音，听从老师指挥，有序走到园门口放学 ★主动跟老师和小朋友再见	★做到点名离园，确保交接安全 ★教师有目的地与家长进行简单的交流 ★生活教师完成环境整理与班级卫生清洁工作方可离园 ★教师做好明天的课前准备方可离园

二、一日活动的组织与实施

（一）入园时刻

1. 关注幼儿活动自主性与稳定性并行

在幼儿入园阶段，幼儿有较长一段自主活动时间。幼儿拥有自主选择活动、自主进行活动的权利，这为幼儿主动地、自发地学习提供了坚实支持。应定期调整幼儿来园后的活动方式，灵活投放幼儿来园后的活动材料，使幼儿在活动中能自主选择感兴趣的活动内容和活动方式，拥有自主活动、学习的权利。同时在活动中，培养幼儿稳定的活动常规也十分重要，幼儿在进行活动前应学习活动的操作流程与规则。

2. 关注幼儿整体与关注幼儿个体并重

在幼儿入园阶段，教师在关注整体幼儿情况时，也要关注幼儿的个体情况。入园是一日生活的开始，教师在这个阶段需要确认幼儿的整体状态，如今天哪些幼儿来园、哪些幼儿没来，没来的具体原因是什么，来园的幼儿是否在正常进行活动、是否安全等。教师要关注到每个幼儿的入园状态，与幼儿进行沟通交流，表达对幼儿的欢迎和关心，帮助幼儿为下一环节的活动做好准备。同时，每个幼儿来园时的情绪和状态都不同，在入园时可能会突出表现出来，这也是发掘教育契机、发现个别教育需要的绝佳时间。

表3-2-3　活动资源站（入园）

小班	中班	大班
问候歌 Hello，××小朋友，早上好! Hello，××老师，早上好! 打招呼，挥挥手。 见面问候，有礼貌! 活动指导： 教师指导幼儿跟着问候歌互相问候，可以一起挥手打招呼、拥抱问候等，也可利用其他适合幼儿的歌曲旋律进行歌词、动作改编	今天我来了 活动指导： （1）幼儿将代表自己的照片或卡片放到指定位置进行签到。 （2）教师也可提供一些印泥，幼儿用小手或手指蘸取，共同制作签到树。 （3）教师还可提供一些画笔与颜料，幼儿可在指定位置绘画或写上名字签到	晨谈时刻 活动指导： （1）自由与同伴、老师分享自己的玩具等物品或自己的作品、有趣的经历等。 （2）表演自己的才艺，包括故事分享、古诗朗读、歌曲舞蹈表演等

（二）餐前餐后

在幼儿一日活动中，餐前与餐后一般有一段活动过渡时间，为15~20分钟。不同于学习活动的一段连续的较长时间，餐前与餐后是一段较短的、零碎的时间，有效地组织这一段碎片化时间能够帮助幼儿获得更好的发展。

1. 围绕幼儿生活自理能力进行

有效利用餐前与餐后这一段较短的、零碎的时间培养幼儿自理能力，可以帮助幼儿逐步习得良好生活自理能力。如在餐前时间，教师可以幼儿生活自理能力为主题，将洗手、上厕所等生活自理技能，以多样的教学方法、方式教给幼儿，包括儿歌、顺口溜、童谣、互动游戏等。如在教幼儿学习洗手时，可利用相关洗手儿歌或顺口溜，帮助幼儿记忆洗手的方法和步骤："手心手心搓搓，一二三四五；手背手背搓搓，一二三四五。交叉交叉搓搓，一二三四五；拳头拳头搓搓，一二三四五。大拇指大拇指搓搓，一二三四五；指尖指尖搓搓，一二三四五。手腕手腕搓搓，一二三四五；小手冲干净，一二三四五。"同时，教师可利用班级环境，将洗手步骤图、进餐规则等融入班级环境创设中，让幼儿潜移默化地习得生活自理的习惯、技能。

2. 围绕幼儿生活卫生习惯进行

《3—6岁儿童学习与发展指南》明确指出，应帮助幼儿养成良好的生活与卫生习惯，提高自我保护能力，形成使其终身受益的生活能力。[①]在餐前准备时间中，教师可组织幼儿学习良好进餐习惯，如饭前洗手、进餐时保持桌面干净、保持安静不打扰同伴进餐、餐余垃圾需扔在指定地方或垃圾桶等。在餐后时间，幼儿变身小小值日生，让他们自主选择值日生工作，如擦拭桌子、清扫地板、收拾餐具，等等。餐前、餐后过渡时间围绕幼儿的生活卫生习惯的做法能连接到进餐环节本身，在活动组织时可保持幼儿活动的流畅性，同时幼儿所习得的生活卫生习惯也在一个个环节中得到巩固。

表3-2-4　活动资源站（卫生习惯）

小班	中班	大班
小手真干净 手心手心搓搓，一二三四五； 手背手背搓搓，一二三四五。 交叉交叉搓搓，一二三四五； 拳头拳头搓搓，一二三四五。 大拇指大拇指搓搓，一二三四五； 指尖指尖搓搓，一二三四五。 手腕手腕搓搓，一二三四五； 小手冲干净，一二三四五。 活动指导： （1）通过儿歌、童谣等，学习正确洗手七步法。 （2）幼儿尝试以洗手七步法洗手	我是小小值日生 活动指导： （1）与幼儿讨论值日生的含义与值日生需要做哪些工作。 （2）教师介绍值日生工作。 （3）幼儿了解值日生工作，幼儿尝试做值日生工作	我是报餐员 活动指导： （1）幼儿作为菜谱介绍员，介绍今天进餐的菜色、进餐规则和注意事项等。 （2）教师指导幼儿与家长一起准备如何报餐

（三）活动过渡

1. 关注幼儿活动常规

幼儿活动常规管理是幼儿园教师进行教育管理的重要途径，幼儿良好的

---

① 中华人民共和国教育部. 3-6岁儿童学习与发展指南［EB/OL］.（2012-10-09）. https://wenku.baidu.com/view/ac55fec34bfe04a1b0717fd5360cba1aa8118c19.html.

活动常规是有效教育教学活动的重要保障，有利于幼儿了解学习各种文化知识，习得良好的生活与卫生习惯，也是班级正常运行的重要保证。教师可以利用课间过渡时间，帮助幼儿建立一日活动中的活动常规，选择适宜的一日活动常规教育内容，也可以让幼儿加入活动常规的规则讨论、制定中来。

2. 把握活动节奏

幼儿一日活动中，不同的活动特性不一，对幼儿情绪和状态要求不同。如学习活动需要幼儿情绪稳定、安静专注，而户外体育游戏则需要幼儿保持身体灵活、情绪高涨。因此课间过渡需要教师把握不同活动的节奏特性，为接下来活动的正确、顺利开展做铺垫。在学习活动开展之前，可以利用手指谣、音乐游戏等帮助幼儿稳定情绪，使其安静下来，同时将注意转移到教师或活动内容上去，如："小朋友，嘿嘿嘿。小眼睛，看老师；小耳朵，认真听；小嘴巴，不说话；小小手，放膝盖。"

表3-2-5　活动资源站（活动节奏）

小班	中班	大班
卷心菜，卷心虫 卷心菜里住着一只小青虫，啪，青虫爸爸。卷心菜里住着一只小青虫，啪，青虫妈妈。卷心菜里住着一只小青虫，啪，青虫哥哥。卷心菜里住着一只小青虫，啪，青虫姐姐。卷心菜里住着一只小青虫，啪，青虫宝宝。卷心菜里住着很多小青虫，啪，青虫一家。 活动指导： （1）幼儿理解童谣内容，跟着教师一起学习童谣的动作。 （2）知道家庭成员的称呼，能跟着音乐与教师一起进行手指游戏。 （3）幼儿学会之后可尝试同伴互动游戏	花园 小小的花园，好好地耕种。小小的种子种下去，咕噜咕噜冒出头。春天来到，小小的花儿开放了，滴！中等的花园，好好地耕种。中等的种子种下去，咕噜咕噜冒出头。春天来到，中等的花儿开放了，叭！大大的花园，好好地耕种。大大的种子种下去，咕噜咕噜冒出头。春天来到，大大的花儿开放了，嘣！ 活动指导： 幼儿理解童谣内容，能根据歌词小、中、大进行不同动作表演	做相反 相反游戏请准备，我准备。 上拍拍，下拍拍。 左拍拍，右拍拍。 前拍拍，后拍拍。 我张开，我合拢。 我站起，我蹲下。 活动指导： （1）通过做相反游戏，了解不同方位。 （2）初步理解相反含义，能说出简单的相反词语和做出动作

（四）自理时刻

1.营造"会说话"的活动环境

自理时刻中的喝水、如厕、盥洗等幼儿自我照顾管理活动，通常是大量幼儿共同活动的时间。由于幼儿数量较多、活动范围较广，而且喝水、如厕、盥洗等活动有时需要幼儿同时交替进行，教师进行活动和幼儿管理难度较大。这时，营造一个"会说话"的环境就相当于拥有一个得力助手，能帮助幼儿进行自我管理，也能帮助教师进行班级管理。第一，善用音乐指令营造活动氛围。选择合适的音乐用于一日自理活动环节，不仅可以培养幼儿良好的活动常规，让幼儿养成听音乐做事情的好习惯，还可以改变教师主导指令幼儿、在旁不断提醒幼儿完成自理的情况，幼儿能在轻松愉快的环境中潜移默化地接受和习得活动常规。第二，布置"指示性"活动环境。教师可合理利用教室布置"指示性"活动环境，暗示幼儿自理活动的流程、规则、注意事项等。如在门口张贴户外活动回来的活动流程，幼儿在户外活动回来后看到流程图，不需要教师提醒，就明了自己需要做的事情，能帮助幼儿更好地完成自我管理。

2.运用灵活弹性的活动方式

运用灵活弹性的活动方式引导幼儿行为，是尊重幼儿主体性的体现，同时也是发展幼儿自主性、独立性的表现。第一，时间可变与空间分流结合。由于幼儿的年龄及生理特点，幼儿有时无法辨认自己的生理需求，或因其他事情忘记上厕所、喝水，因此在时间安排上应灵活变通，结合实际情况做调整。针对自理时刻幼儿人数较多的情况，可采用空间分流策略，如男生女生轮流、小组轮流，引导幼儿排队有序进行等，能大大提高幼儿自理环节的完成率及活动效率。第二，自我管理与同伴互助结合。引导幼儿在学习自我管理的方法和技能的同时发挥同伴互助的巧用，可选出一名喝水小组长督促其他幼儿喝水，也可让能力较强的幼儿教能力较弱的幼儿完成盥洗，或选出个别幼儿帮助教师做一些前期准备工作，以缩短幼儿消极等待时间。这样，可以让幼儿在同伴互助中共同学习、共同成长。

表3-2-6 活动资源站（活动方式）

环境营造
（1）提示类（提示幼儿自理活动的流程、规则、注意事项）  <div align="center">户外回园四部曲、班级公约</div> （2）操作类（幼儿与同伴互动学习自理知识、技能）  <div align="center">物品的家</div>
活动推荐
喝水小组长 活动指导： （1）幼儿自荐或投票选出喝水小组长。 （2）小组长对幼儿喝水量、接水流程、排队秩序等进行监督

（五）离园时刻

离园时，给予幼儿自我管理、服务集体的机会。

幼儿有对责任感的需要主要表现在自我服务和管理、独立解决问题、开始接受任务、喜欢帮他人做事及对集体规则的维护等方面。在幼儿一日活动常规管理中，教师往往容易以整齐划一或固定的常规要求幼儿，或为了一日活动顺利过渡，干预甚至代替幼儿完成工作，导致幼儿在一日活动中参与自我管理、服务集体的机会比较少。在幼儿一日活动中，幼儿进行自我服务管理，如整理自己的物品，包括整理书包、衣物、水杯、毛巾等，能让他们在自我服务管理中获得自我满足。有的幼儿在服务集体中表现积极，如非常乐意为大家分发餐巾、餐碟，准备水杯、毛巾，打扫地板等。在一日活动过渡中应给予幼儿自我管理、服务集体的机会，使幼儿成就感、责任感得以满足。教师应鼓励、支持幼儿自己的事情自己做，让他们承担保护班级环境的职责或帮助老师完成一些小任务，让幼儿成为幼儿园一日活动的小主人。

表3-2-7　活动资源站（离园）

小班	中班	大班
鞋子对对碰 一双小鞋子，两个好朋友，头碰头，中间一个小窝窝，就像一艘小船儿。 活动指导： （1）幼儿学习辨别穿鞋子正反的方法。 （2）同伴尝试互相检查鞋子是否穿好	穿好衣服回家啦 活动指导： （1）与幼儿一起讨论如何整理身上的衣服。 （2）教师示范如何整理自己身上的衣服，幼儿学习整理衣服的方法。 （3）鼓励幼儿自己整理自己身上的衣服。 （4）同伴尝试互相检查衣服是否穿戴整齐	书包整理小能手 活动指导： （1）与幼儿一起讨论如何整理自己的书包、物品。 （2）教师示范如何整理书包、物品，幼儿学习整理书包、物品的方法。 （3）鼓励幼儿自己整理自己的书包、物品

第三节 体验式主题活动

一、体验式主题活动的特点

美国的大卫·库伯教授于20世纪80年代提出了"体验学习圈模型"：具体体验—反思观察—抽象概括—行动应用。从模型中可以看出，在体验学习过程中，反思与观察是紧密联系在一起的，每个阶段中都有学习的发生。这有利于培养学习者的四种不同的能力，即具体体验能力、反思观察能力、抽象概括能力和行动应用能力。

体验式教学让幼儿园主题活动生机盎然，幼儿通过实践来认识、体验周围事物与自己生活的关系，在体验的基础上构建知识、在亲身实践的过程中提升经验，并更多地体验生活、体验自然、体验社会，从而养成自信、合作等良好品质。除此之外，体验式教学能帮助幼儿充分发挥各种潜能，最终让幼儿得到体验的快乐，为幼儿的可持续发展打下良好的基础。

教学实施立足体验，发展兴趣是尝试体验的先导，因此在活动前，我们应根据幼儿的实际情况，精心选择一些具有鲜明特点、符合幼儿年龄特点、易被幼儿接受的知识，使他们主动地融入情境之中，并有效地激发幼儿的兴趣。在生活中，我们应将一切视点放在幼儿身上，倾听幼儿的心声，揣摩幼儿的需要，及时捕捉幼儿的兴趣点，形成师幼互动，共同生成有价值的主题内容，让幼儿在体验活动中积累知识经验。

根据幼儿的兴趣和经验，构建主题。综观我园三个年龄段幼儿的主题内容，无不显示出浓浓的生活气息。我们在不断地摸索与实践中，充分结合自己所教班级幼儿的已有经验和生活实际，生成了许多受幼儿喜欢的体验式主题探究活动。活动具有以下特点。

（一）情境性：在实践中学习知识

体验，是幼儿重要的学习方式。幼儿的学习是以直接经验为基础的，因此，我们要创设丰富的教育环境，最大限度地支持和满足幼儿通过直接感知、实际操作和亲身体验获取经验的需要。相对于普通的主题活动，体验式主题活动强调让幼儿联系自己的生活经验，凭借自己的情感、直觉、想象、灵性等直接地感受、体味、领悟，去再认识、再发现、再创造。

（二）反思性：在思考中内化经验

体验式主题活动并不仅仅停留在"做中学"，而是强调在"做""学"中反思。体验是以亲身经历、实践活动为基础，通过对经历、实践的感受、反思而实现同化和顺应的。体验式主题活动有利于培养幼儿的自我评价和反思能力，更重要的是，可以让幼儿学会思考，整合碎片化的评价，总结出新认识和新发现。

（三）连续性：在循环往复中升华经验

任何一个技能的掌握、品质的养成，都不可能是通过一次实践就能得来的。让我们再回顾体验学习圈模型：具体体验—反思观察—抽象概括—行动应用，这四个环节是循环的，也就是说，任何一个经验不仅是连续的，而且还会影响未来某一个经验。认为体验以后就能一劳永逸地掌握某种成功技能，形成某种稳定的人格特质，这种想法是不切实际的。体验式主题活动同样也是帮助幼儿不断地在实践中认识新事物，总结成功经验，反思改进之处，再在第二次实践中验证。

（四）探究性：挖掘事物更深的一面

体验式教育强调幼儿的探究实践，只有对事物抱有强烈的好奇心和探究心，才能挖掘事物更深的一面，从而看得更全面。通过体验，幼儿发现和提出问题的能力、收集和处理信息的能力、分析和解决问题的能力、交流和合作的能力都得到了培养，使幼儿在体验过程中既学到了知识，又提高了创新能力，改善了人际关系。

（五）生活化：面向生活，学以致用

教育即生活，教育是与生活紧密相连的。如今的教育大多是学习间接知识，生活实践却少之又少，而我们真正想要孩子学以致用，就必须从现状中转变过来，面向生活，这也是体验式教育的原则。让教育从过去的应试走向应用，让幼儿在生活中体验，在体验中不断完善自我。

陈鹤琴先生说："大自然、大社会都是活教材。"幼儿园的课程源于生活，孩子们对下雨、雨水很感兴趣，每次下雨时总是伸手去接雨水，或是偷偷跑到外面淋淋雨，本能地亲近自然，感受大自然给他们带来的乐趣。但是每当下雨天，小朋友们总是打着小雨伞，很少有机会在户外肆意地玩耍，更别说记录下雨天的美好时刻了。于是我们组织小朋友亲身在室外感受雨，并用图文的形式记录下自己的所见，让他们在看雨、听雨和画雨的过程中感受雨水的特点。我们设计了体验式主题活动"滴答滴答，下雨啦"，抓住孩子们对水的兴趣，抓住"下雨"这个契机开展了一系列活动。

例1：

观察"下雨啦"

午点过后，小朋友到课室外面擦脸。

梓睿："你看天怎么这么黑呀，要是放学下雨我们就回不了家了。"

晴晴："天渐渐黑了下来，马上就要下雨了，我们快点儿进教室。"

他们你一言我一语正说得热闹。

昊宸突然跑回课室大声说："黄老师，外面天空有好多乌云，要下雨啦！我还听到打起雷声了，'轰隆隆'。"

梓颖："我好害怕呀！"然后用手将耳朵捂住。有的小朋友也学着她的样子将耳朵捂住。

老师："我们都到外面来看看雨吧！"那些还坐在位子上的小朋友听到老师的话，都一窝蜂地走出课室，都想看下雨。老师让孩子们搬着椅子坐到走廊上，观察天空中乌云的变化。

杜杜："我看到乌云会走动，一会儿就全都变黑了。"

晴晴："天黑了马上就要下雨了。"

老师："小朋友认真听听，下雨时会发出什么样的声音？"

钰诚："下大雨时会发出哗啦啦的声音，小雨的声音是沙沙的。"

不一会儿下起了雨，雨越下越大，雨声吸引了幼儿的注意力。

老师："我们怎样知道下雨啦？雨落下来地面会有什么变化？"

昊宸："地面湿了，还有小水圈，水圈越来越多，雨就越来越大。"

栩婧："雨像线条一样直直地落下来。"

楚然："雨落在地上的积水里会有一圈一圈的波纹。"

钰诚："雨天的户外空气都是潮湿的、凉凉的，很舒服。"

丹纳："雨下得真大，我听到哗啦啦的声音了。"

梓睿："我们还可以用眼睛看，有密密麻麻的线条雨落下来，好像好多线挂在天上。"

老师："一会儿工夫雨慢慢变小，你们想到外面感受淋淋雨吗？"小朋友们回答："想——"

老师："刚下完雨，草皮有水，地面湿滑，你们走路时要小心。"

小朋友开心走到大草皮上用身体感受雨水。

老师："我们还有什么办法知道下雨了？"

梓睿："可以用身体感受，雨落下来打在脸上、手上，就知道下雨啦！"

晴晴："我们可以打开双手，看看有没有雨落到手上。"

梓颖："老师，雨打在我的头上，不过雨下得很小。"

在这一主题活动过程中，教师并没提前预设活动内容，而是及时抓住下雨前孩子们的兴趣点和话题，借助"下雨前天空的变化"这一真实情境，开展了一次有趣的主题活动。教师引导孩子到走廊外面坐着观察天气的变化、雨落下来的形状和声音以及地面上的变化等。幼儿的兴趣往往会受外界环境变化的影响。教师发现幼儿对外面下雨的现象表现出极大的兴趣时，及时将他们的注意力往这方面移动，引导幼儿观察雨落下的样子，让幼儿感受雨和听雨声，大大满足了幼儿的兴趣和想要了解雨的愿望。经过对雨的探索与学习，幼儿不仅喜欢雨，对雨充满探究，还了解了雨的由来、雨前的天气变化、雨后的彩虹现象等，这些都是幼儿在这个主题活动中所学习到的，同时也让他们养成了乐于观察、乐于发现的科学品质，在提升自身学习能力的同时，还产生了源源不断的学习内驱力。

二、体验式主题活动的组织与实施

（一）体验式主题活动的组织流程

体验式主题活动主要包括三个阶段：预设阶段、开展阶段和结束阶段。在主题探究活动开始之初，将会按照"前期讨论—课程审议—创设情境"三个组织流程开展。主题内容的选择从幼儿的兴趣出发，引发主题，根据幼儿的讨论，筛选有价值的主题，在此基础上进行课程审议，制作预期的主题网络图。同时为了让幼儿更加主动地参与主题探究，我们需要创设与主题相关的问题情境和游戏情境，提供相关的多样化的游戏材料，在幼儿经验和游戏材料方面做好充足准备。

主题开展阶段则依据库伯教授的体验学习圈理念来进行。首先是"具体体验"活动的组织，重点是让幼儿在真实的情境中感受并发现问题，具体体验。其次是"反思观察"活动的组织，可以分三步走，先是描述自己是怎么做的；然后是检验自己是否成功，成功的经验是什么，哪个地方出错了；接着，教师引导幼儿指出可以改进的地方。再次是"抽象概括"活动的组织，教师帮助幼儿将零碎的、片面的、浅层的反思提炼出来，形成关键经验。最后是"行动应用"活动的组织，幼儿会尝试使用新方法和新知识去解决上一次活动中出现的问题。同时，新情境中的体验是否又会产生新的想法和问题呢？这又是下一次"具体体验"的开端。由此可见，体验学习并非"一次性的学习"，而是"连续性的学习"。这样，教师跟随幼儿的脚步，在一次次"具体体验—反思观察—抽象概括—行动应用"连续往复的学习中提升经验。

整个主题探究活动一般进行1～2个月的时间，在主题结束阶段，通常可以按照"分享拓展—总结反思—经验延伸"的流程来开展。在这个阶段，幼儿与教师将根据主题环境、幼儿作品、活动记录等回顾整个学习过程，在分享讨论、回顾反思的过程中提升幼儿的学习经验。

（二）体验式主题活动的内容来源

体验式主题活动是一种新型教育方式。体验性是一种心理感受，是一种主观的、主动的体验，是对体验的反馈。教师通过视觉、听觉和感觉等，引导幼儿充分调节自己的情绪，亲身体验理解知识，从而激发其学习热情，提高课堂效率。因此，幼儿园教育应该将幼儿的感受放在首位，设计多样化的学习方式，让幼儿多体验、多思考、多创造，探索幼儿园以幼儿情绪调节为目的的体验式主题活动。体验式主题活动的来源是幼儿经验，包括幼儿生活经验和前期经验。与幼儿生活息息相关的事情，才是他们感兴趣、愿意探索的内容。

（三）体验式主题活动的组织方式

"体验"一词在《教育大辞典》中被定义为"联系自身加以体味"。可见，体验式教学强调的是让学习者在教学过程中全身心地投入与参与。而对"体验式教学"，学者们都对其发表了各自的看法，但核心都是——学习者需要亲身体验教学内容。20世纪80年代，美国组织行为学教授大卫·库伯首先提出了体验式学习的理论，并认为体验式学习是一种学习过程而非学习结果，是持续的过程而非暂时的瞬间，是适应环境并与环境不断交互作用的过程，是一个极具创造力的过程。由此我们可以看出，体验式教学强调的是教师需要通过创造与教学内容相关的情境，让学习者能够充分地以自我为中心进行自主学习，并在此过程中将个人理解和个人经验进行建构，进而产生具有个人感知与理解的学习过程。这与传统教学观中强调以教师为中心进行知识的传递是不同的。"体验"作为一种教育理念和宗旨，与《纲要》中强调的要以幼儿为本位，扭转以往幼儿被动驱使进行活动的地位相一致。

（四）体验式主题活动的来源

1. 从幼儿兴趣出发，引发主题

开展一个主题，首先需要从幼儿的兴趣点出发，常用的方法是与幼儿进行日常对话。观察大部分幼儿近期讨论的话题，整合幼儿所提的问题，或者从家长所给的信息中提炼值得开展的主题。然而，并不是每个班或每个年龄层次的孩子都能引发出较适宜的话题，这时，教师可以从教学目标层面去寻找主题来源，选择一些既能让幼儿感兴趣，又符合教学目标的主题，引发幼儿讨论。

2. 筛选有价值的主题

判断一个主题是否有价值，有四条标准。一是能否帮助幼儿认识自身经验、完善自身经验；二是能否引发幼儿探究欲望；三是能否提供丰富的机会让幼儿与周边的人、事、物互动；四是能否促进幼儿知识发展和技能成熟。

3. 制作预期的主题网络图

在与幼儿共同商量主题网络图时，需要涉及该主题中想了解和解决的问题，可能产生的主题探究活动，以及可利用的资源（如实地参访和实践等资源）。

例2：

我们在中班开展了体验式主题活动"滴答滴答，下雨啦"，材料来源于大自然的环境，观察目标是幼儿经常可以看到的自然现象，符合幼儿爱玩水的天性。因而我们选择了这个主题开展了一系列活动。

首先我们让幼儿做亲子调查表，然后按下面步骤引导幼儿开展活动。

1. 眼睛怎样知道下雨？（幼儿用绘画的方式表现自己眼睛看到乌云的情景）

2. 耳朵怎样知道下雨？（幼儿用绘画的方式表现自己耳朵听到打雷的情景）

3. 幼儿亲自上网搜索和听天气预报等，知道哪天会下雨。

4. 让幼儿辩论下雨天好还是晴天好。（让幼儿进行辩论，说出自己的观点，如幼儿能说出下雨天好的方面：下雨天可以在家里看书、画画等）

5. 幼儿通过手工制作雨具和雨伞、绘画雨具和彩虹等。

6. 幼儿体验带着雨具在雨中玩水的快乐，并以绘画的形式记录自己的体验。

（五）活动前的准备工作

放学前老师看到外面的天空黑黑的，有好大一朵乌云，于是和小朋友聊天："我们猜猜今晚会不会下雨？下的雨大不大？老师有一个办法可以接雨水，你们想知道吗？那现在老师请你们去主题区域自己选择一个可以接雨水的容器，然后拿到外面的草坪上，选个地方放好，明天回来看看容器收集了多少雨水。"小朋友高兴地选择自己喜欢的容器，然后跑到课室外面大草坪寻找地方放容器，有的孩子把容器放在一起，有的孩子则选择把容器放得远远的。

例3：

数学活动"雨水测量"（一）

小朋友们围坐在大草坪上，老师让小朋友们找一找自己昨天放的容器，看看容器里面的雨水有多少，然后轻轻拿回位置坐好，并互相观察同伴的容器里收集到的雨水。

艺德："我收集的雨水很多。"

琦琦："我收集到的雨水更多。"

老师："我们怎样才知道谁的雨水收集得最多？"

琦琦："我们看下谁的收集容器大，谁收集到的雨水就多。"

晴晴："我的瓶子就只有一点点雨水。"

老师："为什么晴晴收集的雨水只有一点点？"

文文："因为她的瓶子口太小了，雨水没有进去。"

宸宸："我的雨水和辉辉的雨水一样多。"

老师："小朋友的容器大小不一样，有高有矮，有的透明有的不透明，很难看出谁收集到的雨水多。小朋友看看我们旁边有什么材料，可以用来测量我们收集到的雨水？"

宸宸："我的是个量杯，上面有数字，你们看，雨水来到了这一格。"

老师："宸宸用来收集雨水的容器是个量杯，上面有一横一横的刻度代表毫升。"

艺德："我们可以把收集到的雨水倒入量杯里。"

老师："小朋友可以去选择一个量杯，回到座位把收集到的雨水慢慢倒入量杯，再来观察、比较，看看谁收集到的雨水最多。"

图3-3-1　测量雨水

活动反思：整个活动过程中，幼儿学习的积极性很高，都很专注地观察自己收集到的雨水，并且与同伴进行比较，能认真操作。但老师在提问环节，忽略了请幼儿互相观察、比较，分享自己的体验，没有更好地帮助幼儿掌握知识、提升经验。当教师发现幼儿在材料提供方面思考不周全时，应引导幼儿从不同材料中进行探索和发现问题。活动材料的开放性激发了幼儿参与活动的积极性，帮助幼儿向未知的问题发起挑战。

例4：

数学活动"雨水测量"（二）

在上次的雨水测量活动后，孩子们对收集雨水特别感兴趣，他们餐后都在聊。于是我决定再进行一次雨水测量的活动。但是天公不作美，接连几天都没有下雨，于是我设计了一场"人工降雨"。

老师："今天我们来一场'人工降雨'，看看我们谁收集的'雨水'多。你们自己去观察，看看谁的容器收集到的'雨水'最多，为什么？谁的容器收集到的'雨水'最少，为什么会这样？"

小朋友高兴地选择自己喜欢的容器，跑到教室外面寻找地方放容器。有的孩子把容器放在一起，有的孩子则选择把容器放得远远的。放好容器后，小朋友站成一排，期待"人工降雨"。"人工降雨"开始了，小朋友站在旁边观察，看着"雨水"慢慢落入容器。

老师拿着花洒来回进行"人工降雨"，孩子们在旁边观察。"人工降雨"停了，孩子们迫不及待地上前观看自己的容器有没有收集到"雨水"。

孩子们小心翼翼地拿起自己的容器，生怕收集的"雨水"洒了。孩子们坐到位置上就开始互相观察容器里的水，目测谁的"雨水"多。

梓壕："我收集的'雨水'最多，因为我的水桶又高又大。"

艺德："我收集的'雨水'最多，因为我的盆子口又宽又大。"

老师："你们找个一样大的量杯，轻轻把水倒进去，然后观察收集到的'雨水'有多少毫升，才知道谁收集到的'雨水'多。"

孩子们拿起收集到的"雨水"，小心翼翼地倒入量杯，然后观察自己量杯中"雨水"达到的刻度，再与同伴的进行比较。

老师："请艺德分享自己收集到的'雨水'有多少？并说说原因。"

艺德："我的容器口很大，很快就收集到了'雨水'，但是因为它很浅，水满了就漏出来了，所以接的'雨水'并不多，只收集到100毫升的'雨水'。"

嘉昕："我的'雨水'比你的多100毫升。"

艺德："那是因为你的容器口比我的大，又比我的深一点儿，所以你收集到的'雨水'比我收集到的'雨水'多了100毫升。"

陈琦："老师，我收集到的'雨水'很少。"

老师："那是为什么呢？"

陈琦："因为我容器放在最旁边，'雨水'没有落到那边，所以我没有收集到'雨水'。"

伟泽："老师，我没有收集到'雨水'。"

老师："说说你为什么没有收集到'雨水'？"

伟泽："因为我的瓶子口太小了，而且刚才还倒了，所以没有收集到'雨水'。"

老师："我们收集到的'雨水'还有用吗？"

嘉昕："我们可以把收集到的'雨水'用来浇花，冲厕所，还可以……"

图3-3-2　雨水收集、记录

活动反思：整个活动过程中，幼儿的学习积极性很高，都很专注地观察自己收集到的"雨水"，并与同伴进行比较，能认真操作。活动步骤分为：选择"雨水"收集容器—放置"雨水"收集容器—观察"人工降雨"—把收集到的"雨水"拿回到课室—互相观察比较—说出谁收集的"雨水"最多—分析容器口的大小与收集"雨水"多少的关系。活动满足了幼儿的兴趣和动手操作的需要，幼儿的观察能力和语言表达能力也得到了充分的发展与提高。幼儿知道"雨水"收集容器口越宽，收集到的"雨水"就多，"雨水"收集容器口越小，收集到的"雨水"就少；还有要看"雨水"收集容器的深与浅，如果"雨水"收集容器浅，收集的"雨水"也不会很多，因为水满了会漏出来；收集"雨水"的量还与"雨水"收集容器放置的位置有很大的关系。

例5：

雨水去哪里了

饭后散步，刚走出教室，小朋友们就发现地面上全是雨水。于是老师就让孩子观察雨水去哪里了。

艺德："雨水流到下水道里面去了。"

正睿："雨水流到树叶和花朵上面了。"

嘉昕："雨水流到地板上，被太阳蒸发了。"

芷欣："雨水流到土里面了。"

为了让孩子更了解雨水的去向，知道雨水可以渗透进泥土的特征，我们做了"雨水去哪里了"的小实验，并将结果记录下来。

活动反思：记录完以后，我们发现原来下雨过后，有些雨会渗透进泥土滋润花草树木。而石头不会吸收雨水，所以人们在石头地面上开凿下水道，方便排水，以防城市被水淹没。①

三、体验式主题活动中教师和家长的支持

（一）教师的支持保证了主题教学活动顺利开展

首先，教师要正确把握"支持"的内涵，即从幼儿视角进行引导，而不是一种包办代替。比如在主题生成或预设的过程中，教师的支持应表现在关注理解幼儿，了解幼儿的需求，抓住现实中幼儿最真实的表现，从幼儿的角度出发生成主题。

主题活动是幼儿园活动最主要的开展形式，教师的支持作用会直接或间接地影响到师幼关系的发展，进而影响到幼儿的成长和发展。教师既然扮演的是支持者的角色，那么就绝不是简单的管理者、指挥者和裁决者，更不是机械的灌输者或传授者，而是主题活动中环境的创造者、交往机会的提供者、师幼互动的组织者。教师应总结反思，帮助幼儿丰富知识，积累经验，提升解决问题的能力，并与幼儿一起设计一些表格等，鼓励幼儿把自己的发现用图文并茂的方式显现出来。

（二）家长参与是主题教学活动顺利开展的保障

在主题活动开展过程中，我们发现家长资源的利用至关重要。它不仅是主题教学活动顺利开展的保障，是班级环境创设的来源，还是幼儿、教师、家长共同成长的重要力量。幼儿园主题课程在开展过程中，经常需要一定的物质材料来支持与配合，比如收集一些与主题相关的材料（如照片、知识经验积累资料、完成教师设计的一些表格等），教师的力量是有限的，因此需要发挥家

---

① 刘灵. 幼儿园主题活动中家长工作指导策略的研究［J］. 当代家庭教育，2020（24）：
16–17.

长的力量，在两者的共同努力下，才能为开展有效的主题教学活动提供保障。

例如，中班开展主题活动"滴答滴答，下雨啦"时，我们做了许多的前期调查工作。第一周安排了"亲子调查——下雨前天气和小动物的变化"，让家长和幼儿共同上网查资料，做好调查表。第二周是"我的防雨工具"，家长为幼儿准备好雨伞、雨具、雨靴，还有雨水收集器等带回幼儿园。第三周是"亲子调查表——雨水到哪里去了"。第四周是"亲子调查表——雨水的作用"等。这样的安排可以循序渐进地帮助幼儿慢慢了解下雨前天气的变化、雨水的用途等。根据每周进程，我们分别在主题墙上张贴幼儿的调查表、绘画作品和手工制作的作品等。这些内容的布置离不开我们家长的配合，正是他们的支持，才使得我们的主题墙如此丰富，形式如此多样，才让我们的主题环境更美，才能让更多的幼儿和家长积极参与我们的主题活动。

四、体验式主题活动案例

案例一：小班体验式主题活动"我的小手真能干"

（一）主题网络图

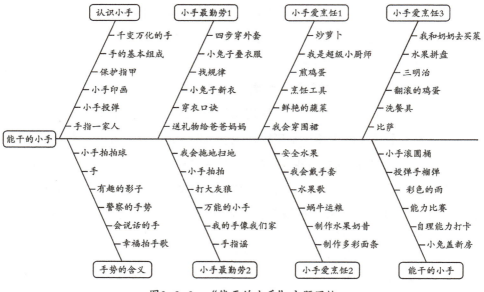

图3-3-3　"能干的小手"主题网络

（二）主题来源

经过前两个月的学习，小班幼儿已经适应了幼儿园的集体生活，完成了生活中的一次伟大挑战，但是动手能力和自理能力还有待继续提高，他们可能还不会熟练地自己穿外套、叠衣服、扣扣子，但他们特别想用自己的双手制作好吃的食物，他们特别想熟练地用小手制作美丽的项链、画出可爱的动物，他们迫切地想去尝试、想去学习、想要提高主体性。

因此，我们开展了本学期第二个主题——"能干的小手"，引导幼儿在认识自己小手的基础上，不断地探索"小手"无限的可能，并在探索过程中提高幼儿的动手能力和自理能力，增强幼儿的自信心和主体性，并且更好地激发幼儿的想象力和初步的创新意识。

（三）主题目标

社会适应：

（1）具有自尊、自信、自主的表现。

（2）关心和尊重他人。

（3）遵守基本的行为规范，初步具有归属感。

动作发展：

通过穿衣、叠衣、擦桌子、扫地、拖地等自理活动训练手的动作灵活与协调。

生活习惯和生活能力：

（1）具有基本的生活自理能力。

（2）具有良好的生活和卫生习惯。

（3）具备安全知识和自我保护能力。

（四）发展路径

认识小手—手势的含义—小手最勤劳—小手爱烹饪—能干的小手。

第一周"认识小手"：

活动第一阶段，幼儿开始学习五根手指的名称，了解手的作用，知道保护手的方法；初步掌握叠衣服的方法，能在老师的帮助下尝试叠衣服，提高生活自理能力及独立动手的兴趣，从而获得成就感、自主感。

第二周"手势的含义"：

活动第二阶段，幼儿通过观看各种手势，猜测其表示的含义；通过教师的示范和讲解，知道不同类型手势的不同用途，并能在活动中感受小手创意的乐趣。

图3-3-4　会说话的手

第三周"小手最勤劳1"：

活动第三阶段，幼儿了解穿、叠衣服的方法，可以尝试用正确的方法穿、叠衣服，锻炼其观察力和动手操作能力，提升了一定的自我服务能力，并愿意大胆尝试，与同伴分享自己的心得。

第四周"小手最勤劳2"：

从活动第四阶段开始，幼儿学习了擦桌子、扫地的正确方法，尝试了餐后擦桌子、扫地的劳动。在这个过程中培养了幼儿的动手操作能力和服务他人的能力，使他们热爱劳动、愿意劳动，积极为班集体服务。

图3-3-5　小兔子叠衣服

第五周"小手爱烹饪1"：

活动第五阶段，幼儿开始大胆尝试用简单的食材制作美食，培养了其动手操作的能力，并能用自己喜欢的方式表达活动后的感受和发现，体验同伴合作的快乐，感受食物带来的美好感受。

第六周"小手爱烹饪2"：

活动第六阶段，幼儿进一步了解生活中常见食物的简单制作过程，熟悉切、穿、翻、搅拌等食物制作技能，培养幼儿热爱劳动的美德，让他们享受美食制作中的快乐和美好。

图3-3-6　制作糖葫芦

第七周"小手爱烹饪3"：

活动第七阶段，幼儿了解了面条、三明治、水果奶昔、煎鸡蛋等食物的简单制作方法；熟练揉、切、穿、翻、搅拌等食物制作技能；并能在制作过程中体会和感受不同食物的特性。

第八周"能干的小手"：

活动最后阶段，幼儿总结回顾整个主题活动中学到的自理方法，在服务自己的基础上服务他人；感受自己独立完成事情的成就感，提升自信心。

案例二：中班体验式主题活动"叶子探秘"

（一）主题网络图

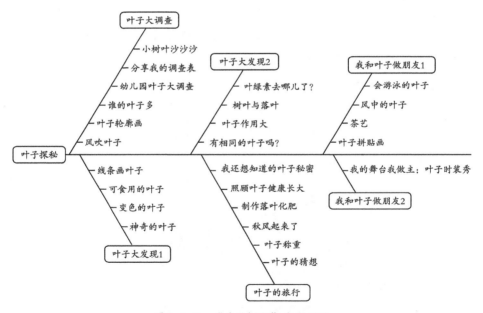

图3-3-7 "叶子探秘"主题网络

（二）主题来源

秋风起，叶飞舞，它们飘落在幼儿园的角角落落，吸引着在户外活动的小朋友的目光。沿着风的方向，孩子们或拾捡，或抛撒，或堆砌，或踩踏，或观察，他们也喜欢问跟叶子有关的问题——"叶子为什么会落下来""叶子上为什么有黑点""叶子可以吃吗""叶子上为什么有洞"……

小小的叶子蕴含着大大的价值，我们抓住这一教育契机，根据中班幼儿的年龄特点及兴趣，从幼儿已有的生活经验出发，以问题为导向，整合多方资源，通过多样化的学习方式，带领幼儿开启叶子秘密的探索之旅！

（三）主题目标

对自然现象和事物进行科学探究以及运用数学解决实际问题。

（1）亲近自然，喜欢新事物，具有好奇心和独立思考能力。

（2）感知叶子的生长变化，体验季节对叶子生长的影响。

（3）能简单地调查收集信息，能用图画或符号进行表征。

（4）通过观察、猜想、操作、验证等方法发展初步的探究能力。

（5）尝试用比较分析、判断推理、归类统计、概括抽象等方法发展逻辑思维能力。

对艺术活动具有感受和欣赏美的能力，并能大胆进行艺术表现和创造。

（1）喜欢自然，善于发现自然中美的事物。

（2）能用粘贴、绘画、拓印等多种方式表现叶子的美。

（3）大胆想象，利用不同叶子进行艺术探究与创造。

（4）能用叶子与同伴合作表演，大胆自信地展示美。

（四）发展路径

叶子大调查—叶子大发现—叶子的旅行—我和叶子做朋友。

第一周"叶子大调查"：

最初阶段中，幼儿通过调查各种不同的叶子培养好奇心和主动性。

第二周"叶子大发现1"：

在第二阶段，幼儿细致地了解了叶子的特征，培养专注力、学习力。

第三周"叶子大发现2"：

第三阶段，幼儿通过实验探究，发现叶子成分的变化，培养学习力和科学探究力。

第四周"叶子的旅行":

第四阶段,幼儿开始探索叶子生长发展过程,培养坚韧意志和勇敢品质。

图3-3-8 树叶与落叶

图3-3-9 专家访谈"照顾叶子"

第五周"我和叶子做朋友1":

第五阶段,幼儿通过想象大胆利用叶子进行拼贴画创造。

第六周"我和叶子做朋友2":

最后阶段,幼儿体验制作叶子时装的乐趣,大胆自信地展示美。

图3-3-10 叶子拼贴画

图3-3-11 叶子时装秀

案例三：大班体验式主题活动"月亮的秘密"

（一）主题网络图

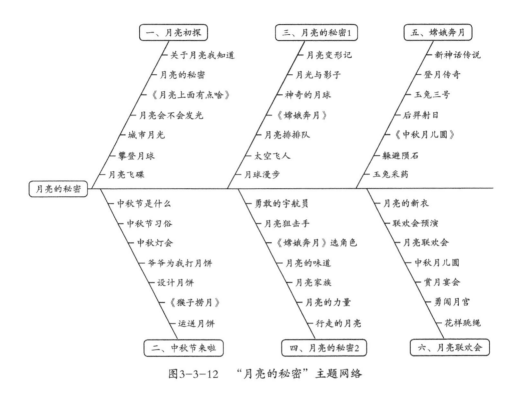

图3-3-12 "月亮的秘密"主题网络

（二）主题来源

月亮对幼儿来说并不陌生，月亮的东升西落、阴晴圆缺，月光下的影子，都是方便幼儿直接观察、感知的事物现象。在幼儿的学习生活中，还有《猴子捞月》《嫦娥奔月》《中秋月儿圆》等情感丰富的文学作品。而本月有中国传统节日中秋节，是幼儿观赏月亮、品尝月饼、学习分享的大好时机。因此，开展以"月亮的秘密"为主题的活动正符合大班幼儿的生活经验，既是幼儿所熟悉、感兴趣的，又是具有教育价值的。本主题结合幼儿感兴趣的与月亮相关的现象及绘本故事开展中秋节的主题活动，通过一系列有趣且有教育意义的活动，和幼儿一起探寻月亮的秘密，让幼儿了解中国传统节日的习俗，探寻关于月亮的秘密，更让幼儿学会分享，体验活动带来的乐趣。

（三）主题目标

科学领域：

（1）对身边的大自然感兴趣并有初步的探究欲望，能用多种感官活动去探索物体；

（2）能通过简单的调查收集关于中秋节和月亮的信息；

（3）能用图画或其他符号记录自己的经历和想法；

（4）知道运用工具书解决问题，掌握正确使用工具书的方法；

（5）在操作过程中，通过观察、比较与分析，感知和发现简单物理现象和天文现象，如镜面反射、地月关系等。

艺术领域：

（1）能够初步感受、欣赏生活中音乐作品的美，喜欢参加音乐活动；

（2）愿意和别人分享、交流自己喜爱的艺术作品和体验，喜欢参与艺术活动；

（3）具有初步的艺术表现及创造力，能自编自演故事，并为表演选择和搭配简单的服饰、道具或布景；

（4）能通过自己的观察和理解，创造性地运用各种材料进行艺术创作，并能用自己制作的美术作品布置环境、美化生活。

（四）发展路径

月亮初探—中秋节来啦—月亮的秘密—嫦娥奔月—月亮联欢会。

第一周"月亮初探"：

探索之初，幼儿感受月亮的有趣与奇妙之处，初步对月亮产生探索的兴趣，通过积极参与活动，初步了解月亮的奥秘；喜欢观察，对于自然现象感兴趣；积极探索，大胆表述自己的发现。

图3-3-13 《月亮上有点啥》绘本故事

第二周"中秋节来啦":

探索的第二阶段,幼儿了解并感受与月亮相关的中华传统节日——中秋节,探寻中秋节的相关习俗,动手制作中秋灯笼,感受传统节日氛围,进一步激发幼儿对于月亮的兴趣和对传统文化的认同。

第三周"月亮的秘密1":

第三阶段开始探索月亮的秘密,幼儿感受身边与月亮相关的现象,探索与现象相关的科学原理。在这个过程中,幼儿了解月相变化、光与影的形成,能够积极参与,大胆假设,通过实验验证自己的猜想,对周围的现象感兴趣,喜欢与月亮相关的文学作品。

第四周"月亮的秘密2":

第四阶段,幼儿深度探究与月亮相关的现象,感受月亮给人类带来的巨大影响,了解月亮、地球、太阳之间的关系,知道它们在相互影响;能够主动探索,大胆猜想,对太空宇宙感兴趣;喜欢绘本剧表演,能够选择喜欢的角色进行台词创编。

第五周"嫦娥奔月":

第五阶段,幼儿开始探寻现代人类探索月亮的过程,并大胆地进行畅想;了解人类最新科技对于月亮的真实探索,并据此设计探月车;能够在绘本故事的基础上进行创编;并在游戏探索情境中掌握加与减的含义。

图3-3-14 未来的月球车

第六周"月亮联欢会"：

最后一个阶段，幼儿回顾整个主题的内容，根据故事情节、人物特征等设计准备绘本剧表演所需服装道具；能够自信大胆地进行表演，并表达对于绘本故事及音乐的理解；在回顾主题内容后，可以梳理核心经验。

图3-3-15 月亮姑娘的新衣服

第四节　自主游戏的开展

一、自主游戏的内涵

自主游戏是指幼儿根据自己的兴趣和意愿，自主选择、自由参与的一种游戏形式，是幼儿自主活动的一种表现。在游戏过程中，教师不仅要提供必要的物质支持、充足的游戏时间和合适的空间，更需要提供适宜的支架和引导。目前，对于自主游戏的定义，不同的研究者有不同的见解和表述，主要有以下几种。第一，自主性活动，即幼儿自主选择和自主进行活动。第二，自主性学习，即幼儿在教师的帮助下通过观察、体验、模仿、经验交流等方式进行学习。第三，自主性教育，即幼儿园教学中提高幼儿学习效果的一种方法。

教师要想更好地开展自主游戏活动，还需要注意以下几点。一是幼儿园开展的游戏应该从幼儿的兴趣入手，激发幼儿积极主动参与活动的愿望。从幼儿年龄特点来看，兴趣是他们最大的动力源泉，而教育的生成离不开兴趣。二是帮助幼儿建立已有经验和新经验的联系，满足幼儿发展需要的活动。认知理论提到，"影响幼儿的最重要因素是幼儿已经知道的内容"，帮助幼儿结合生活中已经掌握的经验，得到新的经验，从而激发他们的表现欲，让他们尽可能得到最好的发展。三是教师要尊重幼儿的选择意愿，可以对教育活动进行多方面的合理预设，进行充足的准备，但不能强制要求幼儿根据预设进行活动，要让幼儿拥有更多自主权和选择权。四是教师要通过各种途径保证幼儿的自由活动时间，营造自由、宽松、愉悦、有趣的空间。五是要重视幼儿在活动过程中的表现与感受，在教育活动结束后及时组织幼儿进行分享与反馈，从中总结经验，同时锻炼幼儿善于倾听和表达的能力。

幼儿园自主游戏是以幼儿为主体，由幼儿自己选择活动内容和材料、自己管理和组织游戏进程、自己评价和调整游戏结果的一种游戏形式。它强调在教师指导下，幼儿按照自己的兴趣和意愿选择各种材料、玩具等进行活动。幼儿是自主游戏活动中真正的主人，可以根据自己当时的兴趣和需要选择游戏内容，不需要家长或教师来干涉；同时，幼儿在自主游戏中还可以不断获得成功的体验。

可以说，在自主游戏中，教师起着主导作用。教育生态学理论提出，教师应该从传统的单方面向幼儿传授知识，改变为支持幼儿的自主学习，在充分了解幼儿兴趣，明确幼儿发展所需的前提下，选择最切合幼儿实际的教育活动，让幼儿在活动中自由探究，成为学习的主人。虽然为"自主游戏"，但教师也不能盲目地放任幼儿，必须进行有目的的引导，以自身作为榜样，让幼儿在潜移默化中受到教育。

二、自主游戏的开展

自主游戏的开展是基于幼儿的兴趣爱好，在开展形式上有主题自主游戏、区域自主游戏、建构自主游戏等，不管以什么形式开展自主游戏，最终的目的都是让孩子们自由自主地在游戏中探索。以区域自主游戏为例，我们的活动流程有以下五个环节。

（一）环境的创设（创设适宜幼儿的游戏情境）

幼儿游戏具有较强的情境性，丰富的游戏情境符合幼儿自身的兴趣与需要，有助于幼儿较快地进入游戏氛围之中，有利于充分调动幼儿游戏的积极性，为游戏的顺利进行打下良好的基础。教师有目的地为幼儿创设一定的游戏情境以帮助幼儿更快地融入游戏，可以提升活动效果。例如：在建构区墙面上贴上一些广州的地标性建筑，或是造型明显的建筑图片，让孩子去实地进行观察；或者孩子们每次做出精彩优秀的作品，就放在展示台上让其他同伴欣赏。也可以在表演区创设和主题相关的或者与幼儿近期感兴趣的事物相关的情境，例如：在进行有关月亮的主题活动时，主题情境是嫦娥奔月；当神舟十三号升空时，主题情境是宇航员探索太空；当大班下学期进行幼小衔接时，主题情境是小学的教室等。除此以外，还可以在生活区创设酒家、茶楼等情境。游戏情境的创设能帮助幼儿在游戏中有更强的体验感。

（二）材料的投放（前期的收集、后期的更换）

游戏的材料分为两种，一种是幼儿园提供的适宜幼儿年龄水平的操作材料，例如：小班操作区穿珠子、夹石头、扣扣子、锤钉子等；中班数学区中数与量的对应、图形的分辨；大班语言区听、说、读、写的相关材料等。另一种是幼儿根据本班情况自发收集带回的材料，例如：小班可带回小朋友的小衣服小鞋子，娃娃家带回自己的小娃娃、常用的过家家工具；大班在小学体验区投放哥哥姐姐的校服、红领巾、书包等。

应根据幼儿的发展水平定期更换材料，投放新的材料对幼儿的游戏能起到意想不到的作用，一成不变的游戏材料会让幼儿在游戏中失去兴趣。

（三）游戏前期计划（幼儿的设想）

在游戏前期的计划环节，每个孩子先用进区卡选择区域挂卡，在计划表中画出自己的想法。幼儿会选择自己挂卡参加的区域，记录下在这个区域中想玩什么，想跟谁一起玩；通常还会留下一些空白，在结束的时候补充今天发生了哪些事情，自己遇到了哪些问题等。在短暂的小组分享后，幼儿对自己的计划更加清晰，也能在别人的计划中了解他们的想法。

（四）游戏中期推进（幼儿遇到问题如何解决，教师的指导与推进）

教师既是游戏的参与者也是幼儿的引导者。幼儿在游戏进行的过程中可能会出现求助、告状、抗议、抱怨、表达想法、操作不当、不安全、不投入、不断变换、缺乏经验技能等行为，此时需要教师进行适宜的指导。游戏指导中教师可使用语言指导和动作指导。语言指导包括赞同、建议、提示、讲解、提问、询问、指令、重复、描述、评论、鼓励，动作指导包括阻止、示范、示意、说明、帮助、鼓励，同时可以根据当下的情况，以材料、幼儿同伴、教师等为媒介进行指导。

可以通过以下几种方式来推进幼儿游戏。①提问启发幼儿思考。教师作为参与者，在幼儿游戏遇到困难时通过提问来代替直接给出答案，以此启发幼儿主动思考与探究，自主发现问题、解决问题。教师在对幼儿进行指导的同时也可以促进幼儿游戏经验的扩展与提升。②联系生活经验促进经验迁移。幼儿的生活经验主要来源于家庭、幼儿园、社会等方面，这些经验极大地促进了幼儿的学习与发展。教师在对幼儿进行指导的时候，要注意联系幼儿已有的生活经验，帮助幼儿将生活中的经验迁移到新经验之中，促进幼儿对新经验的理解与吸收，同时也有助于幼儿游戏经验的扩展与提升。③给予及时引导，保证经验连续。幼儿所获得的经验应具有连续性，原有经验的获得有助于幼儿对新经验的理解与掌握，进而有助于幼儿更加全面系统地掌握相关知识或技能。教师有时会有意识地对幼儿的游戏内容进行引导，帮助幼儿获得连续经验。④创设游戏情境，提升活动效果。幼儿游戏具有较强的情境性，丰富的游戏情境符合幼儿自身的兴趣与需要，有助于幼儿较快地进入游戏氛围之中，有利于充分调动幼儿游戏的积极性，为游戏的顺利进行打下良好的基础。教师会有目的地为幼儿创设一定的游戏情境以帮助幼儿更快地融入游戏，提升活动效果。⑤借助幼儿伙伴支持幼儿游戏。在群体中，幼儿之间的模仿或者经验传递能够让幼儿在游戏中自然而然地产生智慧火花。⑥利用家长资源支持幼儿游戏。应本着尊重、平等、合作的原则，争取家长的理解、支持和主动参与。家长资源是幼儿园开展教育教学活动的重要资源之一，教师会采取家长参与策略来对幼儿自主游戏进行指导。通过家长的参与，充分利用家长资源，发挥家长的专业知识背景来促进幼儿的学习与发展。幼儿与家长互动，可以在轻松愉悦的氛围中获得相应的知识与能力。有了以上的支持幼儿在区域自主游戏中才能实现更多自己的想法。

（五）游戏的反思和总结（或者产生新的游戏活动）

当幼儿结束自己的游戏后，会在前期的计划表中补充自己在游戏中发生了哪些事情，有什么新的思考，同时会对自己的游戏过程有一个评价；在幼儿分享的过程中，其也会向大家介绍自己在游戏中遇到的困难以及如何解决困难，还有其他同伴参与的部分如何合作等。同时，其他聆听的小朋友也了解到了不同区域发生了什么事情，在分享中知道其他人解决问题的办法，经验在这里得到了传递。

这个过程不仅仅是幼儿在分享反思，教师也在观察和倾听，分析幼儿在游戏中的想法，以积极的情绪态度促进幼儿在自主游戏中发展；灵活地捕捉事件中的教育价值，帮助升华幼儿的经验，并从中寻找自主游戏的兴趣点和生长点。

三、自主游戏活动案例

我上小学啦

——香雪幼儿园主题活动下的自主游戏

缘起：幼小衔接是幼儿园和小学相互呼应的过程，也是儿童成长中的一个重大转折。科学做好幼小衔接，帮助幼儿顺利实现从幼儿园到小学的过渡，是园、校、家共同努力的目标。在此基础上，我们开展了"我上小学啦"主题教学活动，在这个主题教学活动中孩子们收集了很多的相关材料，老师也投放了很多适宜的材料在此区域。丰富的材料为孩子的自主游戏提供了物质基础，主题活动中的探索为孩子的自主游戏创设了支点，于是主题区域下的自主游戏开始啦！

木工游戏：

对于如何去小学，小朋友们开展了实地探访。回园后，他们以小学和幼儿园以及附近的标志性建筑为主要标记，画出了上学路线图。为了将路线图更好地呈现出来，孩子们进行了有计划的分工。你看，墙面上的分工表是不是十分有趣呢？它形象地展现了建筑物和每项工作的负责人。

图3-4-1　上学路线　　　　　　　　图3-4-2　我们的分工

在活动开始之初，孩子们绘制了进区计划，短暂的商量后两个孩子就动手操作了。雨倩手里拿着雪糕棒，计划将后园的山洞封顶。我提醒道："雨倩，这封顶了也不像山洞呀，我们后园的山洞是绿色草皮的。"她想了想说："那待会儿我弄完，去找一些绿色的草铺上去吧！"这时，旁边的初见小朋友做了一个女孩子造型的娃娃，想给她加一些黑色的长头发。于是，初见拿来刺绣区黑色的线粘在娃娃的头上，雨倩则在一旁帮助她剪黑色的线，两人互相帮助做好一个小女孩儿。这时我看到初见在绕着白色绳子，就问她："这是用来做什么的呢？"初见说道："我还想给这个小朋友戴一顶帽子，夏天她在滑滑梯好晒哦！"原来她用白色的绳子来给娃娃做一顶防晒帽。做好之后，初见说："老师，你看就是这样子。"从这里可以看出孩子是具有丰富想象力的。

图3-4-3　进区计划　　　　　　　　图3-4-4　幼儿操作

在制作上小学的路线中，他们会经过"香雪幼儿园"，于是根据已有经验将幼儿园里的标志性建筑物做了出来，有真实存在的滑滑梯、教学楼、升旗台，也有他们想象的"秋千"，他们以木工的形式将这些表达出来。尤其出人意料的是，他们做了一个幼儿园里的小朋友，还很有创造力地为"她"加上长头发和防晒的帽子。由此可以看出孩子在做木工的时候是联系日常的生活经验的，木工作品也是他们对生活学习的再现过程。

图3-4-5　木工区

主题区域游戏：

创设这个主题区域是因为孩子们对小学的课室十分好奇，于是我们便还原了小学的课室，孩子们也在哥哥姐姐那里收集了很多的小学校服和红领巾，这下情境感更强了。

孩子们一起商量由谁当小老师、谁当学生。刚开始我还需要帮助孩子们进行分配，提议大家轮流进行等，在后期，孩子们发现了一个很好的办法，那就是画课程表，每节课的小老师由不同的孩子担任，上什么课也由孩子们自己决定。由于我们已经有了上课的经验，课程表对孩子来说是很容易的，所以他们自制的课程表很快就做出来啦！在课表上，孩子写上自己的名字和所要进行的课程。每个孩子根据自己的特长来担任小老师，有画画课、跳舞课、数学课、天文课……

这次小学体验区模拟小课堂的活动充分地发挥了幼儿的自主能动性，幼儿自主决定如何玩耍，老师没有过多地干涉，实现了孩子们的自主选择材料、自主选择游戏情节和内容的愿望。在此期间我发现了孩子们游戏时快乐的身影、创意的行为也越来越多。

同时，孩子们还收集了很多的书包、文具等，经过了整理书包的主题课程后，孩子们在区域中进行自己的比赛，他们先在黑板上绘制比赛的图画，营造比赛的氛围，共同商量比赛的规则，以及角色的分配等。

开始的时候孩子们对规则不太熟悉，老师会担任比赛的裁判，但是到后期，孩子们自己就能完成比赛、裁判、成绩统计了。每次比赛后，孩子们还可以进行总结分析。

美术游戏：

前期孩子们都是自己制作自己的作品，等到小组分享的时候，他们的表达就开始天马行空了。

（a）　　　　　　　　　　（b）

（c）　　　　　　　　　　　　（d）

图3-4-6　幼儿的美术创作

　　开始的时候，孩子们还是比较拘谨地围绕主题画画；后期，在老师增加材料投放和有意识的引导下，孩子们开始用不同的材料来表达同一个主题。例如：漫妮选择用超轻泥制作的方式；茵茵用绘画的方式；谢幸恩选择了用彩纸做手工的方式，而卓芮虽然也是用超轻泥，但是他为了追求立体感，用超轻泥包住了纸盒进行制作。看着孩子们用各种不同的方式实现同一个主题，我觉得这才是自主活动主要的意义所在。

第四章

教师发展与家园合作

教师发展与家园合作是幼儿园体验式课程实施的重要条件，影响着幼儿园教育的质量。教师的专业发展是提高幼儿园教育质量的关键要素。作为孩子们的引路人，教师需要不断更新教育理念和方法，不断提升自身的专业素养。体验式课程不仅关注对幼儿学习与发展的作用，更通过教育科研，不断拓展教师的知识面和提升教师的教学技能，使他们可以更好地引导和激发幼儿的学习兴趣，开拓幼儿思维方式，培养幼儿的创造力和解决问题的能力。

家庭是孩子成长过程中最重要的支持系统，教师与家长之间的紧密合作和沟通是确保孩子得到全方位支持的关键。在体验式课程中应尤为关注家—园—社的协同发展，通过家长学习、家长会议、家访、社区活动和各类交流活动，有针对性地制订教育计划和教学策略，实现家园合作的最佳效果。

在这一章中，我们将探讨教师专业发展，包括专业培训、反思实践和自我成长，特别是体验式教研的开展；同时，着重介绍体验式课程中亲子活动和社区活动的开展，从教师和家—园—社方面来阐述体验式课程的两个重要课程条件，并以案例的形式展示教师成长教研模式、家园互动和共同成长的合作模式。

第一节　体验式教研

体验式教研是基于体验学习理论的体验教学与研究模式，其根本目的是改变教师在教学过程中的被动局面，使得教师在积极参与体验式课程的建设、实践和创新中，促进自身的专业发展。

教研是优化课程的重要途径。体验式园本教研在体验式课程建设中能够促进教师理解体验式课程理念，将课程理论、教育理想和教育实践三者有效贯通与有机融合，在解决课程实施问题的过程中深化体验式课程，促进教师专业发展，并明确课程实践层面的操作方法，完善课程设计细节，持续优化体验式课程体系。

苏霍姆林斯基（В.А.Сухомлńнский）说："如果你想让教师的劳动给教师带来乐趣，使天天上课不至于变成一种单调乏味的义务，你应该引导每一位教师走上教研这条幸福的道路。"可见教研是教师主动发展的动力，是促进教师专业发展的重要途径，同时也是幼儿园教育质量提升的助推器。

传统园本教研中，教研内容容易脱离幼儿园实际，偏重空泛的理论学习，通过输入某种理论来帮助教师理解教育教学规律，教师则为了完成工作任务或领导检查消极地参与教研。目前，常见的教研活动多以专家讲座、理论学习等形式为主，教研过程基本是"自上而下"单向接受式为主，教师的主体地位被忽略，教师缺乏主动性和积极性，难以真正实现专业成长和深度学习。

体验式教研则以教师为主体，教研过程是"自下而上"地参与教学研究，目的是解决实际教育教学问题，指导教育教学改革和实践，并提供合理的解决策略，形成系统性成果方案。教师不仅是课程的实施者，同时也是课程的开发者，积极主动地介入课程开发、实施与评价的整个过程。[①]因此，在体验式教研中，没有教师的发展就没有课程的发展，教师的专业发展与课程建设是相辅相成的。

一、体验式教研的特点

（一）教师带着主动性和积极性投入研究

教师以实践中具体的问题为切入点，通过问题和现象发掘教学行为背后的理念，通过改变观念的方式改变教学行为，促进教师由被动学习者向主动学习者、研究者、实践者、评价者、反思者角色的转变。无论是教研问题的选择、教研活动过程的设计，还是教研成果的推广应用，都要充分发挥教师的积极性、能动性和创造性。

（二）教研过程是动态的、开放的行动研究

在发现问题—设计方案—采取行动—反思行动—改进行动—提炼总结的行动研究过程中，管理者和教师对实践中的问题进行深度分析，制订相关教学方案，推动教研向更深层次推进，最后把研究结果运用到实践中，找出需要改进的地方，不断对结果进行修正和完善。这使得教研的过程处于不断变化的动态过程中，也使得体验式教研不断地"生长""生成"。

（三）体验式教研主体之间的关系是平等的

在体验式教研活动中，教研主体之间进行对话、交流、分享、互动、碰撞，不断生成新的经验。整个教研过程不再是传统的"一言堂"——对整个活动高度控制，忽视教研的生成性，而是以体验、对话、交流的方式进行，教研主体间的关系是平等的。只有平等的对话关系，才有利于教师自由发表自己的看法和意见，从而在思维碰撞中生成新的观点、看法。因此，体验式教研中允许不同想法和意见的生成，让教师形成学习共同体，促进体验式教

---

① 霍力岩，孙冬梅. 幼儿园课程开发与教师专业发展：比较研究的视角 [M]. 北京：中央编译出版社，2013：13.

研的多样性和丰富性，为教研提供源源不断的活力和新鲜血液。

二、体验式教研的目标确定

体验式教研伴随园本课程建构，因而教师在实施课程时不断遇到新问题。在课程建设过程中，教师遇到的问题有的是新课程理念带来的冲击和挑战，有的是教师原有观念在课程实施过程中与现实矛盾和冲突的问题，这些问题解决的载体都是在实践中推进课程的教师。因此，体验式教研坚持以教师为本的理念，以教师的真实需要为根本展开园本教研活动。

康德（Immanuel kant）曾说："没有目标而生活，就像没有罗盘的航行。"教研目标是教研的出发点和归宿。由于教研活动受限于教师的工作时间，无法做到每天开展，而课程实施中遇到的问题又可能是突发的、零散的，因此，我们的教研极易走向重细节而轻整体的误区。所以，教研目标的确立就显得尤为重要。根据体验式课程的总体架构，设置总目标—分目标—阶段目标—学期目标—具体目标的多级目标体系，确保教研在一定周期中的系统性和有效性。

（一）体验式教研总目标

以教师为本，改进体验式课程开展中的教育实践，关注教师在体验式课程中遇到的问题，在实践与研究的过程中，促进教师专业发展，提高教育质量。

（二）体验式教研分目标

改进体验式课程中主题探究课程、自主游戏课程和一日生活课程三大核心课程的教育实践。

（三）体验式教研阶段目标

（1）课程萌芽期：明晰课程理念与愿景，寻找理论支撑和可参考的课程模式。

（2）课程发展前期：思考实现体验式课程理念与愿景的途径。

（3）课程发展后期：探索体验式课程的具体操作方法，在实际操作中逐步完善课程。

（4）课程成熟期：发现并解决体验式课程设计中存在的问题，推动体验式课程体系的不断优化完善。

（四）体验式教研学期目标（部分）

2017—2019年部分体验式教研目标见表4-1-1、表4-1-2、表4-1-3。

表4-1-1　2017—2018学年第二学期体验式教研目标

目标1	体验式主题活动的研讨，感知体验教学，领悟体验教学
目标2	将体验式课程理念渗透在日常教学的各个方面，尤其是可操作性强的自主游戏课程中
目标3	通过正式和非正式的教研活动，提升教师教研互动的实效性
目标4	提高教师的反思能力，重点增强新手教师掌握体验式教学

表4-1-2　2018—2019学年第一学期体验式教研目标

目标1	规范一日活动课程的日常教育教学
目标2	探索体验式主题活动的组织模式，并推广至其他核心课程，形成体验课程模式
目标3	总结开展体验式主题活动的流程和方法，丰富体验课程内容

表4-1-3　2018—2019学年第二学期体验式教研目标

目标1	研究自主游戏课程，本学期将重点放在数学区和语言区自主游戏，期望通过梳理语言、数学两个区域中幼儿应该获得的关键经验，让教师了解幼儿应该学什么，及如何投放适宜的区域材料
目标2	主题探究课程中，扩大领域教研范围，开展语言、数学、体育、音乐和美术五项小组教研，着重解决日常教学中，五大领域在一日活动课程中的融合
目标3	继续支持各年级教研，让年级教研更加有针对性和目的性

（五）体验式教研具体目标

体验式教研具体目标是指每一次教研聚焦的具体实际问题，体验式教研是由众多相关联的单一教研活动组成的系统教研。我们在体验式园本教研总目标的指导下，形成了改进核心课程教育实践的分目标，在课程探索的不同阶段、不同学期中具体的一次次教研，都是以问题为焦点，通过"一次教研解决一个问题"的方式，不断解决由焦点问题分解出的小问题和关联问题，从而达到全面而深入地解决焦点问题，逐渐实现学期目标、阶段目标、分目标和总目标的目的。

因此，在设置体验式教研具体目标时，需要考虑组成体验式教研的各个子教研活动的目标，让每一个具体教研活动既独立有针对性，又与其他相关的教研活动进行有机联系或层层递进，全面覆盖项目中的所有问题。体验式园本教研活动的具体目标不仅要关注各类问题的解决，还要关注引导教师找到问题解决的方法，帮助教师建立完善的自我经验体系，全面丰富教师的各类知识，提升教师的专业能力。

三、体验式教研的内容选择

当体验式教研目标制定完成后，选择能够有效落实目标的活动内容是非常关键的。在体验式园本教研中一般会从以下三个方面进行思考和选择。第一，体验式课程的三大核心课程，即主题探究课程、自主游戏课程和一日生活课程的教育实践如何改进。例如，在主题探究课程中对主题教学观摩和优秀主题活动的跟踪研究；自主游戏课程中对数学区、语言区游戏的材料投放和教师指导策略的研究等。第二，教研组通过调研、访谈等方式收集的教师培训需求。在初步收集教师的自我需求后，教研组分析来自教师层面问题的价值与适宜性，从中找出能促进体验式园本教研目标达成的内容，形成成熟且具有可行性的教研内容。例如，教师提出在主题探究课程中，缺乏美术活动的教学技能，美术活动不知道选择什么内容、怎么组织。教研组收集到教师信息后，深入分析该教师教学技能，认为他所面对的难点不是基本的绘画技能不足，而是不擅长针对不同年龄段幼儿进行活动设计和指导，于是将美术领域小组教研纳入学期教研目标之中，重点指导不同年龄段幼儿的美术活动设计和指导。第三，教研组在巡班、跟班过程中，在批阅教师的主题记录和区域记录过程中，看到教师遇到的共性的、重要的问题。例如，教研组在巡班过程中发现幼儿未能养成良好的日常生活习惯，表现为坐在地上换鞋子、在地上整理书包、早上回园晚、用餐拖拉、饮水量不够、消极等待……

教研组便以家长配合、进餐常规顺序、常规管理小技巧等内容开展教研工作，以研促教，促进幼儿良好生活习惯的养成。

四、体验式教研的方法类型

体验式教研以改进体验式课程开展中的教育实践为根据目标，关注教师在体验式课程中遇到的实际问题。教研所围绕的问题，从问题来源来分，有的是教师对体验式课程模式不清晰带来的问题，有的是在课程实施中遇到的问题；而从问题性质来分，有的问题属于理论层面，有的问题属于实践层面。问题的复杂性、多样性和连续性要求教研活动的组织方法多元创新，这样才可能确保教研方式与教研内容相匹配。因此，根据不同的问题，我们探究了集体教研、年级教研、主题分享教研、教学观摩教研和领域小组教研等不同的教研方式。

表4-1-4　体验式教研的类型

教研方式	频率	组织者	参与者	组织方式
集体教研	每月一次（月末）	教研组长	全体教师	1.教研组长根据教师教学中出现的共性问题确定教研内容。 2.预告教研内容，让教师有前期经验准备，并做好物质准备。 3.全体教师积极参与讨论并进行教学实践
年级教研	每月一次（月初）	年级组长	年级教师	1.年级组长根据本月的重点工作和年级组出现的关键问题确定教研内容。 2.年级教师共同研讨商议
主题分享教研	每两周一次	教研组长	全体教师	1.各年级组教师轮流汇报两周来本年级体验式课程的实施情况，包括困惑的问题和值得分享的经验。 2.教研组长根据实施情况进行点评和指导，各年级教师给出建议

续　表

教研方式	频率	组织者	参与者	组织方式
教学观摩教研	各班级每学期一次	教研组长	全体教师	1.各班级根据课程实施情况拟定公开展示的体验式课程具体内容，撰写观摩计划。 2.教研组长根据观摩计划给予指导。 3.全体教师分批次观摩公开课，并在观摩后集体评课
领域小组教研	每月一次	领域教研组长	领域教研组成员	1.教研组长确定每学期重点开展的领域教研小组，如语言领域教研组、数学领域教研组等。 2.教师自主加入感兴趣的教研小组。 3.领域教研组长根据各领域幼儿发展的核心经验，从教什么——教学内容的选择，怎样教——教学方法的运用，以及教谁——把握教育对象的年龄特点三个维度促进教师专业成长

　　丰富的教研方式有利于保证在专题教研中各子活动的多元化和有效性。表4-1-5展示了不同教研方式匹配的具体教研内容。

表4-1-5　不同教研方式下教研活动内容列举

教研方式	教研活动
集体教研	体验式主题活动的特点
	体验式主题活动的组织策略
	体验式主题活动的环境布置
	体验式教研的开展
	体验式主题活动与区域活动的有效融合
	记录——让幼儿的学习看得见
	自主游戏回顾环节的有效组织策略

教研方式	教研活动
集体教研	体验式家长会经验分享及反思
	区域活动中的材料配置和有效指导
	体验式课程的一日生活组织
年级教研	以大班年级教研为例： 一、幼儿园一日生活常规管理组织 1. 幼儿常规教育（过渡环节定期更新）。 2. 安全教育。 3. 周计划调整（保障每天有一小时的自主游戏时间）。 二、教育教学活动 1. 主题活动。 梳理"小学我来啦"主题活动脉络。 主题教学与区域活动有机结合。 2. 区域活动。 刺绣区与木工区指导策略。 建立良好班级区域常规。 三、其他工作 1. 亲子建构主题商讨。 2. 家长开放日活动及场地协商。 3. 公共环境整改。 4. 六一活动安排
主题分享 教研	小班主题分享："水世界""种子的秘密""能干的小手"
	中班主题分享："下雨啦""不同凡响""车天车地"
	大班主题分享："有趣的民间游戏""小船启航""小学我来啦"
教学观摩 教研	小二班主题探究观摩活动："水世界" A组：水宝宝搬新家 B组：小动物过河
	中一班主题探究观摩活动："滴答滴答下雨啦" A组：水的净化 B组：雨水的测量
	大一班主题探究观摩活动："小船起航" A组：小船试航 B组：改造小船

续 表

教研方式	教研活动
领域小组教研	科学领域：水、浮力、毛细现象中蕴含的学习核心经验
	语言领域：文学形式学习核心经验、前阅读学习核心经验
	数学领域：空间方位学习核心经验、数概念学习核心经验
	健康领域：投掷、走、跑、跳动作学习核心经验

　　教师团队通过参与各种不同形式的教研活动，在活动中通过现场体验、相互讨论、群体决策等方式获得解决问题的策略及答案，达成专业共识，为后续的教学实践与课程建设提供了有效的行动方案。

五、体验式教研案例

怎样让土豆浮起来?

（一）设计意图

　　玩水是孩子的天性，特别是进入夏季气温升高后，给孩子玩水提供了天然的气候条件。体验式课程中的主题探究内容充分考虑了幼儿的兴趣，如小班主题"水世界"、中班主题"滴答滴答下雨啦"、大班主题"小船启航"都与水、浮力等核心经验息息相关。但在开展中，我们发现了如下问题：部分教师的科学知识储备不足，自身原有的科学认知是错误的，如认为石头之所以会沉到水里是因为石头重，而泡沫会漂在水上是因为泡沫轻等。部分教师对于科学领域核心经验如何教存在困惑，是直接告诉幼儿，还是等待幼儿自己探索发现？如何层层递进地引导幼儿进行探索发现？我们迫切需要开展关于水、浮力核心经验的专题教研，帮助教师解决教什么、怎么教的问题。

（二）教研目标

　　（1）了解影响浮力大小的两个重要因素，即液体密度和物体浸在液体中的体积；知道物体沉浮的条件。

　　（2）能够通过浮力的影响因素、沉浮条件原理，改变土豆在水中的沉浮状态。

（3）充分体验科学探索的乐趣，乐于动手操作，善于小组合作。

（三）教研方式

科学领域小组教研。

（四）教研准备

（1）经验准备：关于水、浮力关键经验的教研预告，教师思考在教学过程中遇到的与此相关的问题和困惑。

（2）物质准备：水箱、土豆、苹果、小刀、盐、吸管、牙签、轻黏土、泡沫、量杯、A3纸、马克笔。

（五）教研过程

1. 实验导入

运用生活中常见的蔬菜和水果引导教师猜测土豆和苹果放进水中的沉浮情况，激发教师的探究兴趣，启发教师关注浮力这一物理现象，并思考影响物体沉浮的关键因素。

图4-1-1　土豆和苹果放在水里会怎样

图4-1-2　为什么

2. 原理分析

影响浮力大小有两个重要因素：液体密度和物体浸在液体中的体积。

图4-1-3　浮力的影响因素

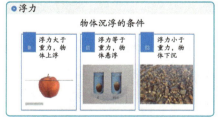

图4-1-4　物体的沉浮条件

物体沉浮的条件：当浮力大于重力时，物体上浮；当浮力等于重力时，物体悬浮；当浮力小于重力时，物体下沉。

3. 聚焦问题

怎样让土豆浮起来？根据浮力的影响因素和物体沉浮条件的原理进行思考，提供丰富的材料进行探索。

4. 分组探究

分组探究中，教师开始集思广益地猜想，怎样才能让土豆浮起来呢？加盐、加味精、加糖、切片、切条、加包装袋、挖空……各种方法层出不穷。

有的教师提出，把土豆切薄一点，再切细一点，肯定能浮起来。但是实验过程中，任凭大家如何小心翼翼，土豆片和土豆丝还是沉入了水底。在验证失败后，教师们用水果刀顺势把土豆的中间部分挖空，做成船的模样，一大颗土豆居然在水面上浮起来了，大家兴奋地记录着实验结果。

大家逐渐打开思路，以制作船的思路让土豆浮起来：有的老师为土豆做了泡沫船，有的用轻黏土包裹土豆块，有的把吸管、牙签插在土豆上……

图4-1-5　土豆片逐渐沉入水底

图4-1-6　挖空的土豆浮起来了

图4-1-7　把牙签插在土豆片上

图4-1-8　在土豆上插吸管

5. 分享交流

两组教师将自己的猜测和实验结果认真地记录下来，经过交流分享，大家惊叹地发现通过小组合作，每组都能验证出十余种让土豆浮起来的方法。

图4-1-9　实验记录1　　　　图4-1-10　实验记录2

6. 延伸作业

围绕"水、浮力"的核心经验，制作一份科学区操作材料，填写材料设计表，在班级中投放使用后，观察幼儿的操作过程，记录材料案例分析，并做相应改进，下一次教研将对操作材料投放进行现场分享。

（六）教研反思

在启发教师思考影响物体沉浮的关键因素时，组长提问为什么鸭子、轮船、苹果可以浮在水上，而石头却沉入水底呢？有的教师提出因为石头很重所以沉入水底。这时我们抓住契机反问教师，轮船也很重，为什么轮船不会沉入水底呢？运用追问的方式冲击教师原有的朴素经验，这一过程其实在教师日常的科学教学中同样受用。我们通过教研的方式让教师像幼儿一样亲身参与到科学活动的猜测、实验、探索的过程中，潜移默化地学习到如何层层递进、循序渐进地启发幼儿思考并进行科学探索。整个教研过程中，教师无一不是兴趣盎然，主动而专注地参与到每一个环节。教研结束后，教师们的反响热烈，大家都感叹科学实验太有意思了，迫不及待地想把学习到的经验迁移给班上的孩子试一试。

（七）资源整理

（1）收集科学区材料设计表和材料案例分析表，形成科学区材料投放和教师指导策略资源库。

（2）将此次教研的研讨导图、文字记录和问题解决方案进行归纳与整理，并将其保存在幼儿园教研资源库中。

第二节　体验式亲子活动

幼儿园体验式亲子活动是指幼儿园提供一定条件，以亲子感情为基础，以幼儿与家长（尤其是父母）互动游戏为核心内容，发展幼儿各方面能力，增进亲子关系的教育活动。常见的体验式亲子活动有亲子体育游戏、亲子音乐游戏、亲子手工游戏、节日亲子游戏、亲子运动会、亲子艺术节等。

一、体验式亲子活动的内容框架

大型户外建构游戏活动在本园开展已有十余年，其中亲子体育、亲子建构活动已成为黄埔区的特色教学。幼儿园体验式亲子活动结合幼儿园原本的课程内容，探索并逐步明确体验式亲子活动的内容、形式、主体以及保障措施，形成幼儿园体验式亲子活动的内容框架。将体验式亲子活动按类型分类，分为亲子建构活动、亲子体育活动、亲子音乐活动、亲子木工活动、亲子美术活动、幼儿园大型亲子活动、社区亲子活动等。体验式亲子活动根据幼儿年龄等特征，按一定频率定期开展。

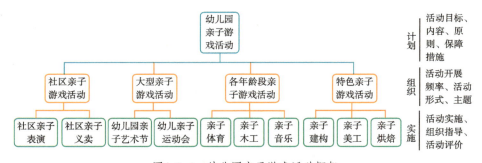

图4-2-1　幼儿园亲子游戏活动框架

二、体验式亲子活动的目标定位

幼儿园体验式亲子活动的目标根据不同活动内容、开展形式来进行具体的目标定位，下文将介绍亲子艺术节活动、亲子木工活动、亲子建构活动三种亲子活动形式的目标。

（一）亲子艺术节活动

1. 总目标

幼儿喜欢参与亲子艺术节活动，对亲子艺术表演有初步的兴趣；能够通过声音、动作、语言、表情等方式表达自己的想法；能够借助工具、材料等准备艺术表演的服装道具等；愿意与他人分享交流对于艺术作品的理解与体验。

2. 具体目标

表4-2-1　幼儿园亲子艺术节活动幼儿各年龄段发展目标

3—4岁	4—5岁	5—6岁
对亲子艺术活动有初步兴趣，喜欢听音乐或观看舞蹈、戏剧等表演	喜欢参加亲子艺术活动，能够专心地观看自己喜欢的文艺演出或艺术品，有模仿和参与的愿望	对亲子艺术活动有认同感，艺术欣赏时常常用表情、动作、语言等方式表达自己的理解。愿意和别人分享、交流自己喜爱的艺术作品和美感体验
喜欢自哼自唱，涂涂画画，喜欢模仿有趣的动作、表情和声调	喜欢唱唱跳跳，喜欢参加歌唱、律动、舞蹈、表演等活动，能用绘画、捏泥、手工制作等方式表现自己的想法	积极参与艺术活动，有自己比较喜欢的活动形式。能用多种工具、材料或不同的表现手法表达自己的感受和想象。艺术活动中能够亲子相互配合，也能独立表现
能跟随熟悉的音乐做身体动作。能用声音、动作、姿态模拟自然界的事物和生活情景	能用自然的、音量适中的声音基本准确地唱歌。能通过哼唱、表演或给熟悉的歌曲编词来表达自己的心情。能用拍手、踏脚等身体动作或可敲击的物品敲打节拍和基本节奏	能用基本准确的节奏和音调唱歌。能用律动或简单的舞蹈动作表现自己的情绪或自然界的情景。能为表演制作简单的服饰、道具或布景

（二）亲子木工活动

1. 总目标

幼儿喜欢参与亲子木工活动，乐意操作常见的木工材料，在抓、握、按、钉、拧等各种有趣的活动中发展动作的协调性；能够亲子合作、协商，并主动遵守一些简单的活动规则，大胆表达自己的见解，保持积极愉快的情绪。

2. 具体目标

表4-2-2　幼儿园亲子木工活动幼儿各年龄段发展目标

3—4岁	4—5岁	5—6岁
对木工活动有初步的认识，能够正确操作非五金类工具，如胶水、绳子等	喜欢参加木工活动，能够正确掌握基本的手动木工工具，如钉子、锤子、螺丝刀和锯子等的使用方法，并进行初期作品的体验	对木工活动有初步的认同感，能正确使用电动工具和辅助工具，如胶枪和锯床等，能自主进行主题式或非主题式的木工创作活动
掌握基本的木工操作动作技巧：抓、握、按等，能对各种软性模板进行拼装和拆卸	掌握基本的木工操作动作技巧：抓、握、钉、拧，能够将木工材料进行平面的拼装和拆卸	能够与同伴合作创作立体的木工作品，同时将其融入其他活动中
能够大胆表达自己对木工活动的初步感受，形成一定的自我保护意识	能与同伴分享与合作、协商，并主动遵守一些简单的活动规则	能对自己在活动中的表现进行评价，大胆表达自己的情绪和体验

（三）亲子建构活动

1. 总目标

幼儿喜欢参加亲子建构活动，在活动中锻炼身体，提高生活自理能力；学会倾听与表达，能采用口头或者书面的形式描述自己的想法；能合作、分享、自发协商解决矛盾；感知形状、空间关系，激发兴趣与好奇心；在建构过程中，增进亲子关系。

2. 具体目标

表4-2-3　幼儿园亲子建构活动幼儿各年龄段发展目标

	3—4岁	4—5岁	5—6岁
情感态度	愿意参加户外亲子建构游戏，在活动中情绪愉快	喜欢参加户外亲子建构游戏，在活动中情绪愉快	积极参加户外亲子建构游戏，在活动中情绪饱满，兴趣浓厚
倾听与表达	愿意与家长和教师交流，大胆地表现自己的想法	喜欢与家长和教师交流，清楚地表达自己的想法	主动与家长和教师交流，完整地表达自己的想法和需求
计划	能用简单的词语或句子描述自己的建构计划并完成计划	完整地表达自己的建构计划，详细描述步骤，并按照意图实施计划	花费时间完善建构计划，并用大部分时间来持续实施计划
合作	乐于接受与同伴分工合作的邀请	乐于与他人合作，有初步的分工协调意识	主动邀请他人合作搭建，能够自主协调分工
建构技能	认识基本材料，能使用平铺、垒高、围合等基本的建构技能	熟练使用平铺、垒高、围合、错位、拼接、盖顶等建构技能	熟练使用平铺、垒高、围合、错位、拼接、盖顶、架空、镂空、镶嵌、螺旋等难度等级更高的建构技能
规则意识	熟悉游戏流程，遵守游戏规则	活动结束后，与家长自觉收拾材料，分类摆放	乐于收拾材料，分类摆放，并主动将错误分类的物品摆放至正确位置
问题解决意识	遇到问题时，重复同样的行为，即使这种行为并不能解决问题，或寻求他人帮助	尝试用一种或多种方法解决简单问题，直至成功为止	尝试独立解决问题，或主动帮助他人解决问题，甚至预见游戏中潜在的问题，并找到解决办法

三、体验式亲子活动组织与实施策略

（一）唤醒亲子游戏前的主动性和计划性

亲子活动前的准备是至关重要的一个环节，教师作为组织者不仅要做好材料、环境的准备，更要了解幼儿和家长的知识经验与需求，唤醒幼儿和家长亲子活动前的主动性与计划性。

1. 明确幼儿发展目标和家长支持性行为目标

亲子活动中，教师作为组织者、设计者、指导者，其教育对象不仅仅是单一主体——幼儿，而是幼儿和家长双主体。教师一方面要明确幼儿主体地位，熟悉不同年龄阶段、不同亲子活动类型幼儿的发展目标，另一方面更应明确家长的行为目标，充分调动家长的积极性，引导家长对幼儿的支持性行为。参考高瞻课程中《学前儿童观察评价系统》以及实践中不断进行总结反思，以亲子建构活动为例，总结出幼儿园亲子建构活动中幼儿发展目标（见表4-2-3）、幼儿园亲子户外建构游戏中家长支持性行为目标。

表4-2-4 幼儿园亲子户外建构游戏中家长支持性行为目标

初级目标	中级目标	高级目标
愿意参加亲子户外建构游戏，了解建构主题和基本流程	喜欢参加亲子户外建构游戏，熟悉流程，认可其内在价值和意义	积极参加亲子户外建构游戏，帮助教师谋划游戏主题，常给出策略建议
在教师的指导下，初步学会观察孩子的行为，配合孩子游戏	通过观察孩子的行为，了解孩子的发展阶段，但不清楚该如何做	观察孩子的行为，并能分析其内部原因，用一定方法支持孩子的行为
能倾听并了解孩子的想法	运用态度支持、语言提示等方法给予孩子支持	尊重孩子，把握介入时机与指导策略
有亲子交流互动意识	亲子互动频繁，情感沟通强烈	亲子交流互动频繁、有效

2. 合理选择游戏主题

亲子活动主题的选择至关重要，一方面需要符合幼儿的年龄特点，另一方面需要贴近幼儿和家长的生活与兴趣。最佳的亲子活动主题通常是大部分幼儿和家长都具备丰富直接经验的主题，如亲子建构活动主题"我的幼儿园""周边的标志性建筑""我的家"等，幼儿园统一组织春游、秋游后，"春游""秋游"就是绝佳的建构主题。幼儿和家长都对这样的主题有丰富的感知经验，在参与过程中往往更加专注、投入，情绪饱满。

3. 重视活动前的计划

幼儿园亲子活动前的计划有利于激发家长的参与感和主动性，明确的计划增强了游戏的目的性和任务感。因此，教师在向家长发出通知时，应提前

1～2天，通知中明确时间、地点、主题、流程和注意事项，留有时间让家长与幼儿做亲子活动计划。计划的形式依据幼儿的年龄特点，可选择口头计划或书面计划（幼儿用图画表示，家长辅以文字），内容可以包括对建构、木工作品的设计，材料的选择等，引发幼儿的想象和期待，明确完成后作品的具体样式。

4. 合理准备亲子活动材料

幼儿园亲子活动材料的准备也应贴近主题。教师在组织活动前应提前商讨，什么样的材料有利于帮助主题的体现，做到心中有数。摆放材料时，鼓励家长与幼儿一同参与材料准备环节，一方面能够熟悉游戏材料，有利于活动进行；另一方面能够熟悉材料分类摆放的位置，有利于培养幼儿分类整理的习惯。

（二）增强亲子活动过程中的有效指导

教师在亲子活动中的有效指导有利于提升亲子活动的层次，增进亲子关系，在解决问题中输出教育理念。

1. 观察是有效指导的前提

敏锐细致的观察力是教师在亲子活动中有效指导的前提。教师需善于观察家长和幼儿行为变化，把握其已有经验和需要。

教师在观察时应做到看、听、问、思考，解读行为背后所蕴含的意义是什么，并判断幼儿的游戏水平和家长的支持性行为水平。但教师应观察什么呢？教师可以在亲子活动中观察幼儿和家长的互动方式、幼儿的状态、家长的状态、问题解决意识、合作意识等。教师通过观察一方面可及时调整材料，另一方面可适时展开有效的指导。同时，教师要学会理解幼儿的行为，尝试扩展游戏内容，激发亲子间互动的兴趣。

2. 把握介入和退出的时机

幼儿园亲子活动是幼儿和家长按照自己的意愿自主控制的游戏，在幼儿和家长顺利进行游戏活动并积极投入其中时，教师的主要任务是观察和分析游戏行为。然而，当幼儿和家长需要教师的支持与帮助时，教师应当以顺应其游戏意愿为前提，把握时机，适时地介入指导。

恰当的介入时机决定了活动指导的效果，正确的介入时机能提升亲子活动的层次，反之会抑制亲子游戏的深入。什么时候才是恰当的介入时机呢？这取决于教师观察到的亲子互动行为，我们认为当出现以下几种情况时，教师应当把握介入的时机：幼儿或家长无所事事不投入亲子游戏活动情境时；幼儿与家长在亲子活动中出现安全隐患行为时；幼儿与家长交流互动产生困难时；幼儿与家长长时间限于单一重复游戏活动行为难以深入时；幼儿与家长因缺少材料活动无法继续时；幼儿与家长使用材料感到困难时。

除了把握介入时机和方式，教师还要把握退出的时机，以下几种情况可以帮助教师判断退出时机：幼儿与家长变得消极被动而不是积极主动时；幼儿与家长按照自己意愿游戏，忽视教师建议时；幼儿的行为越来越失控时。发现这些时机都依赖于教师对亲子游戏活动的仔细观察。

3. 无声的指导

教师的言语指导在亲子活动中很常见，而无声的指导却常常被忽视。无声的指导是指教师用眼神、表情或手势、肢体动作（包括拍照、录像等行为）做出示范、鼓励和引导，它对正在进行游戏活动的幼儿和家长是一种关注和肯定，有积极的促进作用。当幼儿和家长遇到问题时，教师要学会"观望"，学会"等待"，延迟指导，给予其思考、探索的时间，不剥夺其亲子互动的机会，提升幼儿问题解决意识。

（三）注重游戏结束后的回顾与评价

亲子游戏活动结束后的回顾、评价、反思不仅是了解亲子游戏活动适宜性、有效性的重要环节之一，也是促进教师、幼儿和家长发展的必要手段，同时也可为下一次游戏提供参考。

1. 注重回顾环节

亲子活动的回顾环节对于幼儿、家长和教师都有重要意义。活动结束后，幼儿与家长可以结合作品进行回顾，包括作品的简单介绍、活动过程的回忆、遇到的困难和解决方式等，表达他们最真实的感情和思想，其他幼儿、家长和老师随时可以提出疑问。这是一个交互式的互动过程，实际上，这也是一个反思的过程，是分析概括活动过程的机会，一方面满足了幼儿表达自我的需求，有助于其获得成就感；另一方面有助于帮助幼儿和家长学习他人的经验。

回顾环节十分考验教师的专业能力，教师应结合在活动过程中的细致观察，灵活地捕捉事件中的教育价值，帮助升华幼儿和家长的经验，并从中寻找亲子活动的兴趣点和生长点。这要求教师随机应变，捕捉闪光点、聚焦矛盾点、诠释未知点。

2. 评价主体与方法多元

亲子活动中，幼儿和家长既是"做"的主体，又是"发声"的主体，幼儿、家长、教师都是评价者。多重评价主体是对幼儿和家长的活动思路、活动操作和作品的多维度对话。

幼儿的自我评价对自我发展起到了一定的监控和调节作用。同伴是幼儿经验的分享者、任务的合作者以及评价的参照者。特别是5—6岁年龄阶段，同伴的评价对幼儿非常重要，值得肯定。幼儿同伴间的相互评价有助于促进幼儿自我反思，提高认知水平。

教师要把握任务趋向，始终追随亲子活动的节奏，以此才能将具体的评价指标与幼儿表现、家长表现充分地结合起来，进而引导幼儿与家长更好地用自己的方式表征。此外，教师以自评表的方式对自己的行为进行监控和调节，在反思中不断提高专业能力，调节自己的行为。

活动结束后，家长及时填写电子问卷，方便、快捷地对本次亲子活动进行反馈。问卷从亲子活动的开展时长、频次、家长认同度、家长的态度、对幼儿发展的作用、对家长的作用、教师的指导方式和频率、教师与家长的合作关系、教师的专业能力等多维度展开，帮助教师及时调整，改进指导方式。

四、体验式亲子活动的评价体系

为避免亲子游戏活动开展的盲目性、片面性，制定科学、严谨的亲子游戏活动评价体系尤为重要，下文从幼儿、教师、家长三方面因素来设定活动评价体系。

首先从教师评价入手，建立了教师亲子活动访谈提纲，了解教师对于亲子活动的认识与看法，活动计划、组织、实施过程中的想法与建议，及教师在亲子活动组织中的困惑与难题。通过教师评价与反思，以评价推动亲子活动质量的不断提升。

另外，在项目研究中，改变了以往以教师评价为主的单一评价方式，通过对亲子游戏活动及其活动评价理论进行概括与归纳，对家长进行采访，确立了亲子活动家长评价表。该评价量表确立了活动评价的三级指标，一级指标为基于家长视角的幼儿园亲子游戏活动评价，二级指标为活动质量、活动组织管理、活动指导、活动效果指标，三级指标为将二级指标详细分类的20个指标，并将这20个指标解释为20个具体问项。

表4-2-5　幼儿园亲子活动质量家长评价表

内容	题项	非常好	比较好	一般	不太好	非常不好
活动质量	1. 活动内容选择满足家长关注点和需求点					
	2. 活动内容安排符合孩子年龄阶段和发展水平					
	3. 孩子对活动内容感兴趣					
	4. 活动内容激发孩子参与积极性					
	5. 活动内容量选择适中，幼儿易于接受					
组织管理	6. 幼儿园亲子活动场地设施安排合理					
	7. 幼儿园亲子活动材料充足，定期维护或更新					
	8. 亲子活动时间、频率安排合理					
	9. 活动组织紧凑，没有出现消极等待					
	10. 活动形式多样、新颖					
活动指导	11. 活动中教师关注个别幼儿，能及时为有需要的幼儿与家长提供指导					
	12. 活动中教师指导次数频率充足，满足幼儿与家长对教师指导的需求					

续 表

内容	题项	非常好	比较好	一般	不太好	非常不好
活动指导	13. 活动中教师的指导有效性高，能够帮助解决面临的大部分问题					
	14. 活动中教师指导态度温和，易于接受					
	15. 活动秩序与氛围良好					
活动效果	16. 活动中组织者鼓励家长提出问题，并解决问题					
	17. 通过活动掌握了部分与孩子互动的技能技巧					
	18. 会在家或其他场合与孩子进行亲子活动中相似的游戏活动					
	19. 愿意参加今后的亲子活动					
	20. 会将活动推荐给其他人					

五、体验式亲子活动案例

大班级亲子建构活动方案

（一）活动意图

建构游戏作为我园重要特色活动之一，经过这些年师幼的共同探索，一直保持着活力和吸引力，是备受幼儿喜爱的户外活动之一。为了能让家长们更加生动地了解孩子们的建构活动，为家园合作搭建了解的桥梁，为孩子们的健康成长、自主探索增添更多的创作机会，设计了这个亲子建构活动方案。

（二）活动目的

（1）让幼儿了解不同材质材料的特性，区分主要材料、辅助材料等。

（2）亲子关系在建构活动中得到增进，感受合作的乐趣。

（3）在建构的过程中逐渐掌握围合、垒高、拼接等基本技巧。

（4）在活动前中后都能愿意表达，学会合作，喜欢分享，勇于创新。

（三）活动时间

每月第一周星期三上午9：00—11：00。

（四）集合地点

香雪幼儿园大操场。

（五）参加人员

每班15对亲子，两名教师参与。

（六）建构内容

根据各班主题及幼儿兴趣而定。

（七）活动准备

（1）每班提前组织接龙报名，并明确建构的主题及流程。

（2）前期和幼儿商讨建构主题，让幼儿表达了各自的建构计划。

（3）年级教师提前明确材料的准备、摆放的位置及活动的流程。

（八）建构过程

（1）组织家长帮忙摆放好建构材料，并讲解建构过程中需要家长配合和注意的要点。

① 明确各班的建构主题，如大一班的"剧院"、大二班的"美食城"、大三班的"图书馆"。

② 尊重孩子的建构想法，并按孩子的想法提供帮助和配合。

③ 场地分配：大一班操场前段；大二班操场中段；大三班操场后段。

（2）再次明确建构主题，开始亲子建构。

要点：给予幼儿创造和主导的机会，适时给予所需支持和干预。

（3）分享体验环节，分班组织幼儿参观，并进行角色体验，各组推选幼儿进行分享。

（4）收拾环节，强调收拾材料的安全注意事项，并开始分类收拾。

（九）征集亲子建构感想

将感想发送到各班老师邮箱。

大班级亲子建构活动记录

（一）活动时间：

2019年11月12日9：00—11：00。

（二）活动过程

（1）组织家长帮忙摆放好建构材料，并讲解建构过程中需要家长配合和注意的要点。

① 明确各班的建构主题：中一班的"我的幼儿园"、中二班的"万达广场"、中三班的"萝岗小市场"。

② 尊重孩子的建构想法，并跟随孩子的想法提供帮助和配合。

③ 场地分配：中一班操场前段；中二班操场中段；中三班操场后段。

（2）再次明确建构主题，开始亲子建构。

要点：给予幼儿创造和主导的机会，适时给予所需支持和干预。

（3）分享体验环节，分班组织幼儿参观，并进行角色体验，各组推选幼儿进行分享。

（三）活动评价

幼儿方面：

（1）活动中，幼儿自主性高，能够与家长共同做好计划，详细思考材料。

（2）中班幼儿在建构过程中能够做到初步的分工合作，在建构后能大胆分享，并享受在成果中进行角色扮演和表演。

（3）在总结方面孩子还能发现并总结出自己或者他人好的地方，以及可以改进的地方，相互学习的氛围浓厚。

家长方面：

（1）每一次亲子建构活动，家长的积极性都很高，很快就能完成报名。

（2）活动中家长能够引导幼儿建构，而不是包办，能管住自己的口和手，更多的是关注孩子的想法并给予一些小帮助。

（3）建构后角色游戏环节，能够按幼儿的角色分配做好观众，并及时给予幼儿肯定，并积极给予老师反馈。

（四）活动照片

图4-2-2　幼儿合作取材料

图4-2-3　亲子搭建

图4-2-4　搭建"万达广场"

图4-2-5　亲子商讨

图4-2-6　搭建"萝岗市场"

图4-2-7　展示成果

图4-2-8　搭建"我的幼儿园"

图4-2-9　亲子建构合照

幼儿园亲子构建活动感想

活动刚开始的时候我们完全没有任何计划，不知道搭什么，我们几个家长都是一样的，所以中间那部分是照别的班搭的。小朋友们倒是都有自己的想法，有卖烟花的，卖杂货的，后面我提供了一个点子——卖吃的东西。于是搭了一个桌子，她们自己摆上了所有可以卖的东西：蒸饺、蛋糕、装饰的花，甚至还有减肥水。她们会自己给商品定价，熟悉买卖的流程：问价，一手交钱，一手交货……最让我感到惊奇的是整个操场都是搭建好的"萝岗市场"，非常热闹，我都想去溜达看看，但是她们对别的"摊位"毫不感兴趣，可能因为自己建的才是最好的。

我们应该是桥梁而不是围墙，这座桥梁引领好奇心、探索欲望旺盛的孩子去探索未知的世界，但同时也会在两侧为孩子提供一定的防护，让孩子安全通过。有些家长在生活中给予孩子无微不至的照顾，但是也会因为害怕危险而阻止孩子的探索：玩沙子太脏，和小伙伴发生任何冲突都会上前去"护犊"……

这类家长会将孩子所有的活动都纳于自己的掌控之下，即使孩子长大了，这种掌握也不会减少，反而以各种形式干预孩子的决定和生活，将自己和孩子牢牢捆在一起。这种家长对于孩子更像围墙，可以在孩子小的时候保护孩子，但是阻碍了孩子的探索和成长，如果哪一天，当孩子对墙外的欢声笑语心生向往，打算翻墙了，那时候反而增加了孩子出问题的概率。

小沫妈妈

2019年10月25日

第三节　体验式社区活动

一、体验式社区活动对幼儿发展的意义

在幼儿的发展中，社区、幼儿园、家庭是幼儿重要的生活场所，对幼儿的成长有至关重要的作用。"社区"一词源于拉丁语Communist，最早是由德国社会学家F. 腾尼斯（Ferdinand Tönnies）于1887年提出的。而我国学前教育专家黄人颂在《学前教育学》中指出："在一定地域里，在生活上相互联系，具有一定社会关系的人群就是一个社区。"书中首次揭示了社区与学前教育之间的关系，认为社区的自然环境、社会习俗、人口等都会对学前教育产生重大的影响。[1][2]社区是若干社会群体或社会组织聚集在某一个领域里所形成的一个生活上相互关联的大集体，是社会有机体最基本的内容，是宏观社会的缩影。《幼儿园教育指导纲要（试行）》中指出幼儿园应与家庭、社区密切合作，与小学相互衔接，综合利用各种教育资源，共同为幼儿的发展创造良好的条件。社区活动能够让幼儿感受本地文化特色、风土人情，而这些也与幼儿的成长环境息息相关，能够更好地贴近幼儿生活。社区是幼儿了解社会的窗口，社区活动是幼儿进入社会生活的摇篮，在社区活动中幼儿有更多的亲身经历和体验，教学形式更符合幼儿年龄发展特点。[3]陶行知先生提

① 唐菲骏. 以社区教育资源为载体开展幼儿园主题活动的行动研究［D］. 上海：上海师范大学，2020.

② 黄人颂. 学前教育学［M］. 北京：人民教育出版社，2006：41.

③ 刘建凤. 如何有效开展幼儿园社区活动［J］. 科学咨询（教育科研），2020（4）：271－272.

出"生活即教育、社会即学校"也表明生活决定教育，是教育的中心，教育来源于生活，教育随着生活的变化而发展。生活教育的范围不局限于学校，而是整个社会。体验区社区活动的开展不仅能为幼儿提供可操作可实践的平台，更能让教师在真实自然的环境状态中观察幼儿的发展。

社区活动资源通常来说被分为物质资源和精神资源，包括了人力、物力、财力、文化氛围等，在社区内一切我们看到适宜开展活动的有利条件都可以进行采用。例如，合适的空间和场地资源可以为幼儿提供足够活动的场所，这里可选择的有空旷安全的场地，也有具有特殊教育意义的场地，如居民广场、医院、敬老院、超市等；在人力的选择上，社区内的居委会工作人员、从事不同工作职业的人员都是我们很好的社会活动开展对象。[1]在社区文化方面，我们可以从本土社区的特色入手。本园处于岭南地区，每到盛夏时节岭南荔枝、萝岗橙是不可多得的美食，本地荔枝、萝岗橙文化特色也是当地村民从小到大的回忆，形成了具有本地风俗的表现形式以及特殊的组织形式，社区活动可依托这一独具地方特色的文化进行开展。

二、体验式社区活动的开展

本园的社区活动是以本园所在社区已有的物质资源与精神资源为基础而开展的体验式社区活动，历年来本园开展的体验式社区活动有：亲子秋游之体育游戏大比拼、消防车里的小秘密、社区学校联动之参观小学、"小手牵大手环保一起走"、荔红社区六一国际儿童节游园活动、社区地球日宣传活动系列之美术作品展示活动、"书香浸润童年，悦读点亮人生"世界读书日活动、垃圾分类我知道、"衣旧有爱"回收行动、"萝岗小农夫"体验活动、童心专柜义卖活动等。通过这些活动，培养了幼儿的良好道德品质、社会公德意识。

根据以往体验式社区活动的开展经验，我们将开展体验式社区活动分为

① 杨文.社区教育资源开发与儿童成长社区构建［J］.学前教育研究，2017（11）：58-60.

三个阶段十二个环节。三个阶段分别是准备阶段、实施阶段、总结阶段。

（一）准备阶段

1. 活动内容的选择与相关资料的收集

幼儿的经验来自亲身经历，来自身边的人、事、物，本园所开展的体验式社区活动也应由幼儿的想法而起，根据幼儿兴趣而进行。在这一阶段中教师会帮助幼儿提炼可值得开展的社区活动，并支持幼儿持续推进，与幼儿一起收集资料，开展相关的讨论活动等；同时也会进行相应的课程帮助幼儿了解本次活动的来源，感受本次活动的开展意义。

2. 活动场地、内容、物资、人员的对接与确认

活动的场地、内容、物资均由幼儿与教师讨论确定。在讨论中，幼儿根据自己收集的资料确定活动的开展形式与内容，表达自己的观点，教师再根据以往的开展形式进行介绍与建议，最终由幼儿根据本班的经验或优势进行选择。在活动场地上，我们会进行实地勘察，由家长带领小朋友进行社区内适宜场地的调查，最终以投票的形式决定开展场地。在活动所需物资上，幼儿根据自己的需要和活动开展内容进行记录并准备，教师也需要与社区工作人员对接，此项工作最好也能发动家长与幼儿一同参与。在开展多次社区活动后，本园与社区服务中心、社区内的慈善机构、消防局等都保持着良好的联系，为本园持续开展体验式社区活动提供了助力。

3. 活动内容的宣传与家园合作的沟通

通过微信、幼儿园公众号进行网络上的宣传，幼儿自制宣传海报宣传、散发环保宣传单、设立小宣传员进行地推宣传等方式让家长了解我们要进行的活动。在前期的幼儿准备、场地勘察、宣传活动中，家长已经初步熟悉我们的活动内容与计划，家长的了解是对我们所进行活动的支持，同时还可在家长中召集志愿者，家长资源本身也能为我们的活动增加可操作性和便利性。

（二）实施阶段

1. 园内实施

经过以上铺垫，幼儿获得了本活动相关经验，了解本活动的来源、意义等，此时幼儿对本次活动的开展也会有很多自己新的想法，有能力的大班幼

儿可根据之前所记录的内容形成简易的人员分配图；小班、中班的幼儿在人员分配时则需教师的帮助。在人员分配中，幼儿根据各自的兴趣爱好进行选择，有的选择制作手工物品，有的选择亲身劳动，有的选择参与表演等，每个幼儿都想为活动出自己的一分力。

2. 社区、幼儿园、家长代表三方商讨

根据即将进行的社区活动，社区、幼儿园、家长三方主要就开展流程、安全、人员分配进行讨论，确保三方熟知本次活动流程。在安全方面，可让家长代表召集更多的家长志愿者，在站位上尽量保证每一名幼儿都能在家长或老师的视线范围内。社区方面为本次活动的顺利开展，可对志愿者家长们进行集体的临时培训。

3. 社区实施

社区的开展基本是整个活动的升华，在社区开展中幼儿根据之前商量好的人员分配进行摆摊、制作、吆喝、宣传、表演、介绍讲解等，这个过程中，教师根据幼儿的表现进行观察，及时给予有效的支持；社区工作人员作为引导者，把本次活动的影响辐射到周围人群；家长志愿者在保证孩子安全的同时也看到了自己孩子的发展，今后会对本园开展的活动更加支持。

（三）总结阶段

1. 园内幼儿分享总结

活动结束后，幼儿会对本次活动有很多的想法，此时我们召开一个小型的讨论会，使幼儿可以畅所欲言地进行分享和讨论，对自己的表现、对他人的工作、对本次活动的流程，不管哪个方面的只要有自己的想法都可以提出，也可以建议幼儿画出自己的想法或者一天的活动经历。教师根据幼儿的讨论帮助幼儿进行精练的总结，既让幼儿在反思中提升自己，也能为下次的活动做充足的准备。

2. 教师、社区、家长对本次活动的感悟、反思

幼儿需要总结，我们的教师、社区、家长也需要总结，在活动流程的安排、人员的分配方面多磨合才能更好地合作。家长根据自己的亲身经历也能对幼儿园与社区开展的活动提出自己的看法与建议，以促进我们今后的活动

更精彩。

3. 收集本次活动资料

本次活动前期所开展的幼儿讨论图、幼儿实地勘察图、收集的资料；中期进行活动的人员分配表、活动流程表、作品照片、幼儿实施活动的照片；后期幼儿的故事记录、周围居民参加的照片等，都可以形成一份完整的活动资料。而这份活动资料源自幼儿，又可以作为环境的一角展示幼儿的学习痕迹。

以上体验式社区活动的开展流程中幼儿通过自己了解、计划、开展、实施、总结、反思丰富了自身的经验，这种体验式社区活动开展的形式更突出了孩子的参与度，让孩子真真切切地感受到自己是这个社会中的一员，自己承担着这个社会发展的责任与使命。

三、体验式社区活动案例

童心专柜，与爱同行
——香雪幼儿园爱心义卖活动

缘起：午饭时间，孩子们进餐的情况并不理想，他们似乎没什么胃口，可能由于近期都是阴雨天气，缺乏户外运动，没有运动就没有体力消耗，难怪孩子们吃饭也不香。看到那小半桶的剩饭，想起前两天看完的纪录电影《袁隆平》，我一时深有感触就随口说了句："你们这些小朋友没有经历过吃不饱饭的时候，如果像以前那个年代，白饭你们都要抢着吃。就连现在也还有很多地方的小朋友穷得吃不饱饭、也穷得没有衣服穿，真的很可怜。"骏英听到后问我："朱老师，真的有小朋友吃不饱饭吗？没有衣服穿？我家有很多饭，我也有很多衣服，我可以给他的。"其他的孩子也纷纷表示自己也可以帮忙。听到骏英的话，我感叹孩子的善良和天真，同时也迅速思考这其实是一个很好的教育机会——孩子们对弱者有天生的怜悯和帮助心理，这正是我们进行生命教育的良好时机，同时也能让孩子感受自己的力量也能帮助他人、帮助社会的，从而培养孩子的社会责任心。于是我便布置了一个小任务，请孩子们回去与爸爸妈妈收集一些山区小朋友生活上学的照片、新闻或者一些社会求助类信息。

第二天，孩子们纷纷向我表达了自己的想法，基本都是想要帮助那些小朋友。其实在我给孩子们布置这个任务的时候，就已经能预测这个局面，因为每当我看到这类新闻时总觉得心里酸酸的，为不能帮助他们而感到难过，但是这一次，我想与孩子们一起参与，真正地帮助有困难的人。在我们的数次讨论中，孩子们列举了很多的捐助办法，如山区的小朋友没有书本和笔，那我们就买来送他们，或者直接捐钱给需要帮助的人。这时也有小朋友提出了我们没有钱怎么买东西呢？于是有的小朋友想起之前参加过跳蚤市场，便提议可以拿物品去卖。但是家里的东西也都是爸爸妈妈买的，有没有小朋友自己能做出来的呢？最终孩子们想起自己做的刺绣、在天台种植的瓜果蔬菜都是很好的商品，于是孩子们决定更加努力地进行刺绣和种植，为困难的人们进行筹款。

知道了要做什么的孩子们干劲十足，都计划了起来——利用我们进区、餐前餐后的时间刺绣、种植。在幼儿园里，孩子们用小小的手，一针一线地来回穿梭，认真地进行刺绣。回家后，孩子们还会在空余时间刺绣，教爸爸妈妈刺绣，他们想如果能更快地绣好，就能更早地帮助需要帮助的人呀！

（a）

（b）

（c）

（d）

（e）

图4-3-1　幼儿尝试刺绣

　　孩子们的行动当然瞒不了爸爸妈妈的眼睛，很快就有家长问我是怎么一回事，也有的家长已经问了孩子，知道了我们的计划。在班级群里，家长都非常支持这一有意义的活动。家长们的行动力也是很强的，我们班的家委立刻联系我，问我是否需要帮忙。于是我与孩子们一起再次梳理了一遍计划，发现虽然我们知道要做什么，知道怎么做，但是并不知道最终将筹到的钱捐到哪里。这时与社区慈善服务中心熟悉的家委表示可以去联系社区，看看有什么渠道。有家长的参与帮助当然事半功倍，于是我把这项工作交给了家长与小朋友，同时也向家长说明，这个计划是孩子的计划，所有环节都要有孩子的参与，一定要让孩子去了解和决定。在家委的联系下，约定了时间孩子们去社区服务中心了解捐献的渠道。

　　在接下来的日子里，在种植区，小朋友们比以前更加精心地呵护着一棵棵小苗，每天都要浇水、巡视。

（a）

（b）

（c）　　　　　　　　　　　　　　（d）

图4-3-2　幼儿精心照顾幼苗

　　小苗一天一天长大，怕鸟儿来吃，小朋友们用防护网来保护它们，怕它们没有营养长不高，小朋友们与老师一起为它施肥。

图4-3-3　幼儿用防护网保护幼苗

　　一天天过去了，南瓜苗向上攀缘，长出了稚嫩的小南瓜，挂在枝藤上。"老师，风一吹，南瓜会不会掉下来啊？""老师，南瓜会越来越大吗？"小朋友们十分担心南瓜会掉下来，于是他们又想了一个好主意——"给南瓜穿一件防护服"。于是，小朋友们回家后有的织网，有的寻找可以保护南瓜的保护套……

图4-3-4　幼儿编织保护网

图4-3-5　给小南瓜套保护网

除了保护小南瓜外，孩子们准备了许多小竹竿，来帮助小苗长高。

图4-3-6　用竹竿帮助幼苗长高

在这个过程中，孩子们付出了劳动，收获了喜悦，他们的内心是十分充实的。

刺绣的成品也逐渐多了，看看孩子们的作品，是不是都十分精美呢？

（a）　　　　　　　　　　　　　　　　（b）

（c）　　　　　　　（d）　　　　　　　（e）

图4-3-7　幼儿刺绣作品

因为心里有爱，所以孩子们的干劲十足，家长们也被孩子们感染了，同时也十分佩服孩子们能够绣出这么多精美的手帕、袋子。

经过一段时间的种植，我们硕果累累。看！新鲜的蔬菜让孩子们的脸上洋溢着丰收的喜悦，点燃了孩子们心中的希望之火。

（a）　　　　　　　　　　　　　　　（b）

（c）　　　　　　　　　　　　　　　（d）

图4-3-8　收获

为了更好地进行义卖，孩子们做了关于蔬菜价格的调查，去菜市场、超市对比价格，最终统一定价。刺绣的价格则是由老师制作调查问卷发给家长，以求最合理的售价。

图4-3-9　幼儿调查蔬菜价格

图4-3-10　制作调查表

　　终于要进行义卖了，由于我们本次义卖活动是面向家长、面向全园小朋友的，于是孩子们统一将义卖的地点定在幼儿园的门口。

　　孩子们制作了"童心专柜"的展示牌标明价格，把摘下来的青菜清洗干净扎成一捆捆的，学着菜市场的奶奶一样摆好，又模仿售货员叫卖的声音来招揽顾客，真是有模有样。

图4-3-11　义卖现场

　　为了增加售卖的亮点，孩子们还借鉴外面商场的经验，设置了惊喜盲盒活动，真是小小的脑袋里充满大大的智慧呀。

图4-3-12　设置盲盒活动

　　孩子们摆摊售卖的场面异常火爆，很多家长都专门等在门口买新鲜的菜。孩子们吃到了自己种的菜，在劳动中奉献自己、服务自己、服务他人，家长们也纷纷为孩子们点赞！

（a）　　　　　　　　　　　　（b）

（c）

（d）

图4-3-13　家长参加义卖活动

图4-3-14　记录义卖

　　每日由几个班的值日生们轮流摆摊，在收钱的时候孩子们还设立了小小记账员。在义卖时既可以使用现金也可以使用扫码支付，记账员负责统计每日的售卖金额。

图4-3-15　记账、统计

本次义卖持续将近三个月，总共筹得善款2851.5元。我们与社区合作选择捐赠对象，一起到社区了解捐赠流程和入户捐赠的注意事项。社区工作的志愿者向孩子们介绍捐赠的对象，肯定了孩子们的计划。在入户捐赠前，孩子们还需要了解捐赠的注意事项和流程。接下来，带着满满的爱与炽热的心，我们来到了贫困家庭，希望这份物资能帮助到他们，与爱同行。

图4-3-16　社区志愿者讲解捐赠的注意事项

（a）　　　　　　　　　　　　（b）

（c）　　　　　　　　　　　　（d）

图4-3-17　去贫困家庭捐赠

小小义卖，大大收获！香雪幼儿园"童心专柜，与爱同行"义卖活动圆满落幕。孩子们一起将义卖善款化为物资，全部捐赠给有需要的人，使孩子们的爱心继续传递。本次义卖承载着香雪幼儿园小朋友们大大的爱，也让爸爸妈妈一起参与进来，为社会贡献自己的力量。本次义卖活动成为孩子们进入社会的"通道"，他们用自己的劳动收获硕果，用双手拥抱美好的世界，让童年充满爱的芳香！

> 欣冉妈妈：
> 　　我们捐赠的是一户生活困难的多残家庭（15岁的小女孩和父母都有智力障碍）。我跟欣冉说了情况，刚开始她有点儿害怕，但经过义工的解说和陪同，她把提前准备好的慰问捐赠品（牛奶、米、油、学习文具）带上，与义工一起出发去受赠家庭，他们住在村委福利板房。
> 　　当欣冉把礼物送给大姐姐的时候，大姐姐非常高兴地说："谢谢。"欣冉也回应："不客气。"
> 　　虽然是短暂的见面，但能感受到他们对社工的喜欢，也对我们的到来表示欢喜。

> 一诺爸爸：
> 这次入户捐赠让我了解了贫困家庭的生活状态，知道了当下平凡的生活对于一些人来说是遥不可及的，所以我要珍惜现在，好好过现在的生活。

图4-3-18　家长感想

义卖活动后，家长和小朋友们感受颇深，我相信这一次的义卖不仅仅让孩子们得到了成长，家长们通过这次活动也会更加关心社会上需要帮助的人。

社区的慈善机构还给孩子们颁发了荣誉证书，这是给孩子们最好的毕业礼物！

图4-3-19　颁发荣誉证书

第五章

体验式课程的评价

高质量的学前教育课程需要有连续性的课程框架，实施过程中有高质量的师幼互动，给予幼儿充分的游戏时间，促进幼儿整体性发展。体验学习并不以终结性评价为主进行间接的知识衡量、行为测量、教师打分，它更提倡运用诊断性和形成性评价来促进和拓展学习者的思维与解决问题的能力。

随着教育部《幼儿园保育教育质量评估指南》的出台，幼儿园课程也要注重过程评估和强化自我评估。在注重过程质量的同时，也要关注课程质量的结果评价。幼儿园园本化课程可以根据评估指南开展自我评估，开展教师培训，通过集体诊断，反思日常教学，以常态化的评估促进课程质量的提升。

第一节　幼儿发展评价

一、幼儿发展评价的目标与原则

体验式园本课程以促进幼儿全面发展为目标，如何评价幼儿发展程度是每个园所园本课程评价中最重要、最核心的内容。在开展幼儿发展评价时，常常利用观察、谈话、作品分析等科学的方法和工具，来获取对幼儿在园本课程中发展和成长的信息，通过对这些信息进行分析和判断，对园本课程目标体系和课程教学内容进行反馈与调整。

（一）幼儿发展评价的目标和意义

幼儿发展是幼儿园园本课程建设的出发点和落脚点，幼儿是园本课程的直接参与者和受益者。幼儿发展评价是对幼儿成长和进步进行的系统性观察、记录与评估，旨在深入了解幼儿的发展情况和个体差异，以便个性化地支持他们的学习和发展。

首先，幼儿发展评价的主要目的是促进幼儿的全面发展。每个幼儿都是独特的个体，他们在认知、语言、社交情绪、身体运动、审美表达等方面的发展存在差异。通过评价，教师能够深入了解每个幼儿的发展水平和潜力，为他们提供个性化的学习支持和发展机会。评价结果可以指导教育者制订针对性的教学计划，满足幼儿的个体需求，激发他们的兴趣和学习动力，从而实现幼儿的全面发展。

其次，幼儿发展评价有助于监测和评估教育质量。幼儿园是幼儿早期教育的重要场所，幼儿发展评价可以帮助教育机构和教育者了解教育质量的情况。通过评价，可以对教育目标的实现情况进行监测，评估教育活动和课程的有效性，发现教育过程中的问题和改进的空间。这有助于提高教育质量，确保幼儿得到优质的教育和发展机会。

最后，幼儿发展评价有助于家长认识幼儿发展进程，便于家园进行合作。评价是家园合作的重要桥梁之一，通过评价结果，教师可以与家长分享幼儿的发展情况，讨论幼儿的需求和关注点。家长作为孩子最亲密的伙伴，了解孩子的个体特点和兴趣爱好，因此他们的参与和支持对于孩子的发展至关重要。

（二）幼儿发展评价的原则

当进行幼儿发展评价时，需要遵循一些原则，以确保评价的全面性、客观性和有效性。

首先，评价内容的全面性，幼儿发展评价应该全面覆盖幼儿的各个发展领域。幼儿的成长不仅仅局限在认知方面，还包括语言能力、社交情绪发展、身体运动技能、审美表达等多个方面。因此，评价过程应该考虑到这些不同的领域，以了解幼儿在各个方面的成长和进步。

其次，评价方法的多样性，评价方法应该多样化，使用多种评价工具和策略。单一的评价方法可能无法全面了解幼儿的发展情况，因此需要结合使用多种方式，如观察记录、作品展示、问卷调查等。这样可以从不同角度获取幼儿的发展信息，减少评价结果的片面性。

再次，评价结果的客观性，评价应该基于客观的观察和记录，避免主观臆断和个人偏见的影响。评价者应该采用客观的标准和指标，遵循评价工具的使用规范，通过系统性的观察和记录，收集客观的数据，确保评价结果的准确性和可靠性。

最后，评价过程的连续性，幼儿发展评价应该是一个连续和持续的过程，而非一次性的事件。幼儿的发展是一个渐进的过程，评价应该跟随幼儿的成长进程，定期进行观察、记录和评估。这样可以及时了解幼儿的发展趋势和变化，以便教师能够调整教学策略，提供个性化的支持和指导。

二、幼儿发展评价的实施

体验式课程中开展幼儿发展评价需要先明确评价的目的和目标，确定想要评估的幼儿发展领域，以及希望了解的具体信息和数据。根据评价目标和所需数据，选择合适的评价工具。评价工具可以包括观察记录、行为检核表、幼儿成长档案、家园联系册、问卷调查、作品分析等，要确保评价工具的可靠性和有效性，并适应幼儿的年龄和发展阶段。教师通过连续的对幼儿日常活动、小组互动和个体表现等进行观察，收集信息并分析解读，综合各种评价来源的信息，了解幼儿的发展情况和特点。通过比较不同幼儿之间的差异，可以发现他们的优势和需求，为教师教学和家庭教育提供反馈。下文介绍几种常用的评价工具。

（一）观察记录

观察记录是幼儿园教师常用的一种幼儿发展评价方法，教师通过日常观察和记录幼儿的表现和行为，可以了解幼儿的发展水平与需要，客观、真实地发现幼儿在活动中的语言、表情、动作、交往等能力发展水平，帮助教师正确调整指导策略，整改学习环境和游戏材料等。由于观察记录带有观察者很强的主观性，所以教师在观察时，一定要尽量保证客观，记录时尽量避免使用"这个孩子爱干""看上去显得""他不善于"等词语。在观察记录的白描中，可以使用"我看到他""他花了×分钟做……""我们观察到"等具体描述的词语，来保证记录的客观性；同时，在描述后应该有教师对幼儿发展水平的评价以及对游戏材料、教学策略、课程设计等方面的调整。

（二）行为检核表

在幼儿发展评价中，行为检核表是一种常用的评价工具，用于系统地观察和记录幼儿在特定行为或技能方面的表现。行为检核表提供了一组具体的行为描述，评价者可以观察幼儿的行为，并在表格中标记相应的表现。

在体验式课程评价中，可以根据不同活动类型及其特定目标选择和制定适当的行为检核表。行为检核表要确保所选的行为与幼儿的年龄和发展阶段相匹配，并可以涵盖不同的领域，如语言发展、社交情绪技能、认知能力等。

为保证行为检核表的客观性和真实性，有必要在实施行为检核前对教师进行培训和说明。在使用行为检核表时，评价者也要再度仔细阅读行为检核表中的行为描述，确保评价者对每个行为描述的含义和预期表现有清楚的理解，以确保评价者能够准确地观察和记录幼儿的行为。

在评价过程中，观察幼儿的行为并记录相应的表现。评价者可以使用行为检核表中提供的标记或符号，标记幼儿是否展示了特定行为。观察可以在不同环境中进行，如教室、游戏区域、户外等，以获得全面的评价。

评价者应尽量客观地观察和记录幼儿的行为，避免主观偏见和个人偏好的影响。评价者可以与其他教育专业人士或同事共同观察和记录，以增加评价结果的准确性和可靠性。

（三）幼儿成长档案袋

在幼儿发展评价中，幼儿成长档案是记录和跟踪幼儿发展的重要工具。它是一个综合的记录文件，包含有关幼儿各个方面的信息，如自理能力、社交技能、身体发展、语言能力等。体验式课程评价中，也经常使用幼儿成长档案来评价幼儿的持续发展。

教师要定期收集和整理信息，一般是一周一次，包括教师的观察记录、幼儿作品与父母的反馈和记录等。幼儿成长档案应该涵盖多个发展领域，以全面评估幼儿的发展，包括认知、语言、社交情绪、身体运动、审美表达等各个方面，确保档案反映幼儿的多样化和综合的发展。

在幼儿成长档案中使用标记和标注，以突出幼儿的成长里程碑和特殊成就。例如，使用彩色标记或符号来表示重要的里程碑，如幼儿掌握特定技能、完成特殊项目等。这样可以帮助教育者和家长更容易地识别与理解幼儿的发展进展。

利用幼儿成长档案促进家园合作，也是凸显评价主体多样性的一个方式，教师可以将幼儿成长档案与家长共享，并鼓励家长参与其中。家长可以提供他们对幼儿发展的观察和反馈，与教师共同讨论幼儿的成长需求和目标。这样可以建立家园合作的桥梁，共同关注幼儿的发展。

第二节　教师发展评价

　　教师是教育发展的第一资源，教师专业素养是促进教育内涵发展和提升教育质量的核心要素，加强对幼儿教师专业发展的评价和支持也成为我国学前教育事业发展的重要维度。教育部2001年颁布的《基础教育课程改革纲要（试行）》（以下简称《纲要》）中提出："要建立促进教师不断提高的评价体系，强调教师对自己教学行为的分析与反思，建立以教师自评为主，校长、教师、学生、家长共同参与的评价制度。使教师从多方面获得信息，不断提高教学水平。"这为新时代教师队伍建设指明了方向，明确了教育评价改革的方向必须体现"发展性"，倡导建立一种以促进教师专业发展为目标的发展性评价。这一评价模式与本书所倡导的体验式学习理论不谋而合，即强调教师专业发展是不断学习的过程，而非结果导向；强调教师专业成长的主体性和亲历性，以自我去理解、感受和建构，从而生成自己对专业发展的独特感受。

　　对于教师而言，教育工作面临的时代挑战不断增多，社会进步带来的变化不断涌现，需要教师在职后持续提升胜任力。传统的结果导向的评价通常将评价结果作为评聘、选优等人事决定的关键信息，或将评价结果与教师的工资、津贴等直接挂钩，忽视教师个体需求，[1]使得教师个体理性发挥的空间极大受限。教师往往着眼于短期评价结果的优劣，为避免淘汰而积极掩盖教

---

① LiuS，Zhao D . Teacher Evaluation in China: latest trends and future directions［J］. Educational Assessment, Evaluation and accountability, 2013（3）：231-250.

学工作中潜伏已久的问题，难以关注长远的发展利益而错失了进一步改善、提升教育教学能力的机会；同时，教师为应付各类评价指标也需要耗费大量的时间和精力，导致教师对评价工作并不热衷甚至排斥；再者，奖惩性评价对教师的监督、考核作用会随着教师年龄的增长而逐渐减弱，对改善中年及以上年龄教师的教育教学活动的作用较小。[①]

发展性教师评价区别于传统结果导向的奖惩性教师评价，旨在促进被评者不断发展，是在发展的整个过程中进行的过程性评价。同时，这种评价理念强调评价的导向、激励和改进功能。因而，发展性教师评价是指依据一定的教育发展目标和发展价值观，制定评价者和评价对象双方认可的发展目标，运用一定的发展性评价技术和方法，对被评者的素质发展等进行价值判断，使被评者在发展性评价活动中，不断地认识自我、发展自我、完善自我，逐步实现不同层次的发展目标，优化自我素质结构，自觉地改掉缺点，发扬优点，不断实现发展目标的过程。

一、教师发展评价的要素

（一）评价目的：促进教师专业发展与学习共同体的建立

发展性教师评价目标聚焦教师专业发展和学习共同体建设等方面，力求通过"以评促学""以评促改""以评促合作"来引导和激励教师队伍专业素养能力全面提升。为此，必须淡化对教师过去工作的奖惩，强调当前工作的诊断与改进，追求未来工作的保质与增值；必须以过程—表现性评价为主，将过程—表现性评价与结果—测量性评价有机结合，重视对教师具体工作过程及过程中表现进行评价，以教师"量"的改进促使教师"质"的飞跃。要充分利用评价的导向功能，促使教师团结协作，形成学习共同体。

[①] Sun C, Wang Y, Zhai J .Model Research on Teaching Evaluation for University Teachers Based on Developmental Evaluation［J］. Lecture Notes in Electrical Engineering，2012（112）：149-154.

（二）评价原则和手段：多元评价主体协商对话与共识达成

多元评价主体协商对话与共识达成是实施发展性教师评价的基本原则和重要手段。有效协商与对话要求多元评价主体融入教师工作之中，要求多元评价主体放下芥蒂、开诚布公，没有"保护自我，防范他人"的敌对意识，用平常心、公正心评价教师。一般来说，幼儿与教师存在身份隔阂，家长与教师存在距离疏远，教师与领导存在职位差异，教师与同事存在利益竞争，评价主体之间微妙而又不同的利益关系很容易使得教师评价结果背离真相，而评价后奖惩举措又使得这些利益矛盾放大。多元评价主体的"顾虑"是有效协商对话的最大障碍，也是教师评价无效的罪魁祸首。发展性教师评价则力求解决引起多元评价主体合作的"壁垒"，创造平等、宽松、民主、没有压抑、没有利益的环境，创造协商对话、达成共识、实现共赢的环境。此外，高质量的协商与对话还需要幼儿园管理者对教师、幼儿及家长进行价值引领，使得多元评价主体讨论的焦点始终与国家方针政策、幼儿园的发展愿景、幼儿全面发展的教育宗旨保持一致，进而使得多元评价主体鄙弃个人功利与偏见而达成一致的评价观念，对教师工作做出公正、客观的价值判断。

（三）评价主体：教师自评为主，他评为辅，且需教师认同

发展性教师评价重视教师自评的核心地位，强调教师对他评的个体认同。评价只是手段，不是目的，发展性教师评价的本质是促使教师选择更好的行动。自评或他评之后，教师都将评价结果与自己原有教育理念进行比较，或丢弃、或同化、或顺应，与此同时会产生各种情绪体验，并会做出放弃、保持或改进等行为选择，最终抉择出能对幼儿产生积极影响的教学行为。[1]自评是人类认识自我、反思自我、改进自我、提高自我的本能，也是人类的生命价值实现的原动力、内发力或内驱力。教师自评伴随着教师工作时时刻刻都在发生，并不断改进教师工作。当然，"当局者迷，旁观者清"，

---

① 陈玉琨. 教育评价学 ［M］. 北京：人民教育出版社，1999：119.

教师自评可能导致自己故步自封，永远自我感觉良好，也可能导致自己思维定式、行为固化而意识不到问题所在，久久不得进步。他评则是意图作用于个体评价判断程序，进而引起个体纠正错误或快速改进，进而促进其发展，但是他评需要个体认同才能发生作用。[①]需要强调的是，他评力求教师认同，其价值绝不是单纯影响教师的事情，而是会影响更多幼儿的问题。

（四）评价标准：体现教师专业特征，囊括教师工作全部，具有分层阶梯形

发展性教师评价力求将教师工作全部纳入评价指标之中，进而全面、科学、合理地评价教师，保障评价结论能帮助教师最有效、最迅速地发展。发展性教师评价要求评价标准横向覆盖教师工作内容，这些工作既包括可被观察的备课、授课、评课工作，及课后追踪、教师教科研工作，也包括不易被直接观察的师德风尚、默默奉献、关爱幼儿等情感教育工作。发展性教师评价要求评价标准具有分层阶梯性，尊重教师成长的阶段性与差异性。发展性教师评价力求关注每一位教师现状并给予其准确的价值判断，以促进其不断进步。因此，必须建立"达标+阶段+个性"的立体式评价标准。所谓"达标性标准"是指以教师专业标准为依据而为全体教师制定的"底线"性要求，是教师胜任力的评估标准；所谓"阶段性标准"是在"达标性标准"的基础上，以教师职业生涯发展理论为依据，对不同教龄阶段教师群体制定的阶梯分层性指标；所谓"个性标准"是在"阶段性标准"的基础上，针对教龄、风格、个性、学术水平及科研能力等方面的差异而为教师"量身定做"的评价指标，它强调教师在胜任力达标的基础上逐步向骨干、卓越、专家教师"晋级"。"个性标准"强调相同水平层次的不同教师能将其自身教学风格、手段与方法发挥到"极致"，能用个性化教学引领学生个性化学习。总之，发展性教师评价指标是一把衡量教师专业发展水平的"多维标尺"，这把"多维标尺"既有导向功能，为教师提供阶段性奋斗目标，促进教师向专家型教师发展；又有鉴定功能，以增值变化来衡量教师某个职业阶段的劳动

---

① 何顺超，田莉，李孝川. 教师"评价认同"：评价促进教师发展的内生力［J］. 上海教育评估研究，2017（1）：32-35.

价值，促进教师不断改进，不断上进；还有激励功能，调动教师积极性、主动性和创造性。

（五）评价方法：适宜教师评价需要，与评价主体精准结合

发展性教师评价要求评价方法适宜，评价需求、评价主体与方法精准适配，评价组织者对评价结果的权重赋值和统计筛选等方面的"科学化"。评价组织者在实施评价之前对多元主体进行评价培训，力求多元主体教师评价理念和目标尽量一致，减少评价工具误用概率；使评价主体与方法精准配对，力求以最低消耗获得大量较准确的信息；采用统计学原理处理评价信息，力求最大限度地避免个人的主观和偏见；依据政策或理论对多元主体教师评价结果进行赋值和权重处理。评价组织者的职责就是从错综复杂的评价结果中收集最有价值的评价信息，以便为教师发展提供决策和建议。

（六）结果使用：定性与定量处理评价结果，形成建议性书面报告

结果使用是发展性教师评价目标落到实处的最后体现。研究表明：严格的评价可以促进专业的发展，而来自评价的反馈可以鼓励教师对教学实践进行自我反思和有意义的商讨。[1]首先，要保证教师评价结果的合理性，对通过"描述""测量""判断"获得的定量教师评价结果进行定性解释、反思和再认识；其次，要保证教师评价结果的有用性，使用定量—系统评价与定性—模糊评价相结合的方式对教师价值做出综合判断，并以此撰写评价报告，指出教师的不足与问题，提供教师发展的建议；再次，要针对评价结果而采取必要的管理措施和激励手段，促进教师评价预期价值得以最大限度发挥；最后，除要注重教师评价策略、方式和方法之外，更要注重对教师伦理道德尊重和人文价值的关怀。除了在尊重教师的人格尊严、合法权益、劳动成果的前提下谈论教师工作改进、教师专业发展外，还应对教师的各种困难予以关怀和帮助。发展性教师评价的目标意在要求教师不断提高，直至达

---

① Ritter G W, Barnett J H . Learning on the job：Teacher evaluation can foster real growth ［J］．
　　Phi Delta Kappan，2016，97（7）：48-52.

167

"全"，但并非意味着"求全"而责备教师，使得教师评价狭隘化为批评教师或惩罚教师。

二、教师发展评价的实施

（一）注重体验式学习，实现教师职业价值内化

关于教师对自身职业价值的认识，以往仅仅是对教师职业社会工具价值的认同。尽管教师有可能客观地认识其社会价值，甚至能够认识到教师职业并非简单的传递性劳动，而是一种创造性劳动。然而，由于没有体验介入，仅仅限于单纯的认知性理解，不能形成对职业具有个人意义的独特的感受、情感和领悟，因而不可能实现价值内化。职业如果无法成为自身的精神生活和生命活动的一部分，也就不可能有相应的全身心投入。可见，要实现教师职业价值内化，切实提升其素质，就应注重体验式学习。

体验是从对事物的感受开始形成的。亲身经历和直接经验是体验形成必不可少的条件。有研究指出，主体获得亲身经历和感受应强调直接感知、参与活动和生活积累，这也是形成体验的三种途径。

一是亲身见闻感知，主体与某种事物、情境直接接触容易引发体验。教师接触直观的实际事物，如观看电视、录像，听优秀教师讲述故事等，或是亲临现场参观、观摩，亲眼所见，亲耳所闻，感同身受。

二是亲身参与活动，形成对活动过程的体验。人以主体的身份参与活动即主体性活动，由于此种活动是以活动者自身需要为动力展开的，主体会能动地、全身心地投入活动中，活动过程本身是体验的形成过程，存在主客体双向对象化和彼此融合的机制。活动的成败也很容易引起相应的情感体验。教师亲身参与活动较之于听别人讲或是静止地观看、参观，更容易形成体验。因而，园本培训中，教师立足于教育实践现场，进行行动研究，将教、学、做合而为一，做中学，才能获得深刻体验，这对于形成教师的个人实践性理论并使之逐渐趋于合理化，是极为重要的。同时，这也使教师加深了对自身职业的认识和体验。

三是生活经历的积累，产生人生体验。亲历性和积累性是人生经历的基

本特征。教师在其职业生活和工作实践中经历的许多重要事件或偶发事件，会对其产生刻骨铭心的记忆和影响。教师要注意对教育事件和情境的记录，做教育笔记，积累案例，连同自己的感受、体验也要记录在案。教师随着教育教学工作的进展进行阶段性总结，加以反思、回顾，也是一种生活经历的积累，可以产生对教师工作的体验。

（二）通过幼儿发展评价，实现教师专业自主发展

幼儿发展评价是一项具体的教育教学实践活动，它需要教师运用既有的知识来科学地评判幼儿的学习过程与发展状态，是一个集问题分析、经验总结和自我反思于一体的专业活动与专业发展过程。也就是说，幼儿发展评价为教师的专业发展提供了一个现实的情境和关键的抓手，它让教师在反思幼儿学习状态和发展结果的基础上，不断反思自身教育理念的合理性以及专业知识与专业能力的完备性，最终促使教师在主动寻求改善教育教学实践过程的基础上，形成良好的专业发展意识和专业发展行为。

幼儿发展评价并非对结果的简单判断，而是一个对教育全过程、全要素进行综合认知和系统评判的过程。在幼儿发展评价中，教师首先要树立关于儿童发展的形象与目标，要有对教育对象和教育情境的合理判断，要有观察、倾听、记录和引导幼儿学习的具体方法，要有进行反思、分析和改进教学的一般能力。因此，对幼儿发展的评价过程实质上就是教师进行专业自主发展的过程，它蕴含了教师专业发展的各个环境和各种要素，并且为幼儿园教师的专业自主发展提供了良好的实践场域。

1. 在对幼儿学习的观察中发展教师的观察与记录能力

观察能力是幼儿园教师专业素养的重要组成部分，对幼儿的理解以及教学策略的合理选择都依赖于教师对幼儿进行的系统和有效观察。观察是教师进行幼儿发展评价的基本环节，同时也是基本手段。要在幼儿发展评价中有效发展教师的观察能力，一方面要引导教师明确观察的目的、对象并掌握相应的观察方法，养成其对幼儿进行主动观察的意识和意向；另一方面要引导教师发展起相应的观察智慧，帮助他们理解何时进行观察以及如何通过观察来捕捉幼儿学习与发展的关键信息。在观察的基础上需要有相应的记录，记录的作用既是为了增强教师观察的目的性和系统性,同时也是为了强化教师的文字写作能力,使其能够更好地运用文字来进行研究和开展反思。

2. 在收集整理幼儿学习信息的基础上发展教师的分析与判断能力

在观察和记录的基础上,教师需要对收集到的信息进行整理和分析才能对幼儿的学习过程与结果进行判断。此时,教师要在结合幼儿行为表现和具体实践情境的基础上去分析记录材料的全面性、科学性和有效性,并以此来判断幼儿的真实学习状态和发展需要。要发展教师的分析与判断能力,一方面要引导教师准确把握教育目标以及幼儿发展的个体差异,辩证地看待幼儿在学习活动中的具体行为表现;另一方面要帮助教师掌握典型事件或行为的分析方法,引导教师通过理解教育情境的方式去理解幼儿行为发生的真实原因。分析与判断能力是幼儿园教师专业素养的重要体现,只有具备了进行独立思考和分析的能力,幼儿园教师才能产生真正的专业立场和专业发展的内在动力。

3. 在幼儿发展评价中发展教师的理论思维和理论运用能力

幼儿发展评价中教师的分析与判断过程实质上就是一个理论加工过程,它将不带价值预设的各种信息进行加工后再赋予它们相应的意义和价值。为了发展教师的理论思维和理论运用能力,一方面可以引导教师学习相应的评价理论和评价方法,帮助教师理解教育目标中所蕴含的理论诉求和理论逻辑;另一方面可以引导教师运用不同的评价方法,促使他们在评价实践中通过不断的思考来发展相应的理论思维,从而帮助他们超越具体的经验而对幼儿的学习与发展形成更为系统和深刻的认知。

4. 在评价反思中发展教师的研究和行动能力

对幼儿发展的评价是为了改善幼儿的学习环境,并为幼儿提供更好的支持,它可以帮助教师更好地发现自身在教育教学过程中存在的问题并想办法进行改进。[①]因此,幼儿园教师要在对评价结果进行深刻反思的基础上,积极

---

① 吕凤清. 激励性教师评价与幼儿学习品质发展 [J] . 学前教育研究,2019(7):4.

寻找自身存在的不足，并制订具体的计划来改进自身的教育教学行为。在这一过程中，幼儿园教师既要积极地完善自身的知识结构和提升自身的思维水平，又要养成良好的问题意识和制订研究计划的能力，要以真实且有概括性的问题为导向来不断拓展自身的知识范畴，提升自身的问题分析能力以及开展具体研究的行动能力，最终实现自身专业的自主和可持续发展。

第六章

体验式课程实例

体验式课程是以大课程观来建构整个园本课程的，即体验式课程所涉及的内容涵盖了幼儿在园所有活动的总和，大致包括生活活动、学习活动、游戏活动、户外活动等。为了更好地展现幼儿在体验式课程中的一日生活，本章选取一个完整的课程案例，以主题的形式从课程内容选择、课程目标、课程发展途径、课程设计、课程环境设置、课程组织与实施、教师观察评价等方面进行全面的阐述。通过大班"有趣的民间游戏"这一课程案例，我们可以看到教师与幼儿共同选择探究的内容，在调查幼儿前期经验及幼儿兴趣指向的基础上，跟随幼儿的脚步开展深入的探究，发展游戏中的规则意识与竞争意识，最后通过集体的智慧，对自己所学到的本领进行交流和展示，发展幼儿自主探究能力、沟通合作能力、创造想象能力。

第一节　课程设计

一、主题来源

　　儿童生活无处不游戏，幼儿在游戏中发展各项能力。民间游戏趣味性、娱乐性的内核深深吸引着幼儿，幼儿总是在"老狼老狼几点啦""翻花绳""下五子棋""东南西北"等民间游戏中乐此不疲。民间游戏的目的不仅仅在于让幼儿"玩"，而是在于引发、支持与促进幼儿的学习活动，推动幼儿情感、思维、问题探索等的深度发展，进而引发深度学习。

　　我们先发出疑问：你们知道爸爸妈妈、爷爷奶奶玩过的民间游戏有哪些吗？你最喜欢哪个民间游戏？你在游戏中遇到过什么困难？我们该怎么解决这些困难呢？我们与幼儿一起探索民间游戏的魅力，幼儿也在玩耍—表达—记录—表征的过程中，沉浸式地探索、学习。

二、教育目标

科学领域：

（1）学会从自己的内部动机出发去思考。

（2）能够提出自己的发现，不断探索。

（3）喜欢动手操作并不断进行改进。

创造力：

（1）保持好奇心，喜欢提问、观察、反思，激发内在动机。

（2）能够从不同的角度看待问题。

（3）善于发现不同之处并说出来。

（4）能够在生活中不断探索和思考问题。

（5）具有动手操作能力。

（6）具有一定的创新能力。

三、发展路径

图6-1-1　游戏发展路径

四、主题网络图

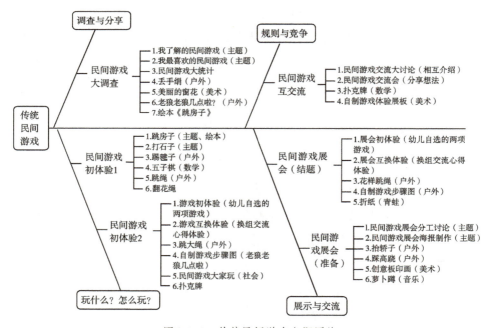

图6-1-2　传统民间游戏主题网络

五、游戏安排

六周的民间游戏主题活动安排见表6–1–1～表6–1–6。

表6–1–1 第一周：民间游戏大调查

周目标	1.通过多种途径了解多种民间游戏的玩法。 2.能够以调查的方式收集家长们小时候喜爱的游戏，通过图片、语言等多种方式表征。 3.大胆表达与分享，并乐于尝试和探索新游戏
家园共育	1.与幼儿共同回忆爸爸妈妈或爷爷奶奶小时候喜欢玩的游戏，与幼儿一同体验。 2.与幼儿共同完成"我最想分享的民间游戏"调查表
晨间谈话	我想分享的民间游戏
教学活动	1.我了解的民间游戏（主题）。 2.我最喜欢的民间游戏（主题）。 3.民间游戏大统计。 4.丢手绢（户外）。 5.美丽的窗花（美术）。 6.老狼老狼几点啦（户外）。 7.绘本《跳房子》
自主游戏	美工区：剪纸（二方连续） 表演区：老鹰抓小鸡

表6–1–2 第二周：民间游戏初体验1

周目标	1.初步体验民间游戏的玩法。 2.能够了解游戏的玩法，制作游戏玩法的步骤图。 3.喜欢参与游戏，并乐于尝试和探索新游戏
家园共育	1.亲子民间游戏共体验。 2.结合晨谈小主播进行游戏分享与展示
晨间谈话	我想分享的民间游戏
教学活动	1.跳房子（主题、绘本）。 2.打石子（主题）。 3.踢毽子（户外）。 4.五子棋（数学）。

续 表

教学活动	5. 跳绳（户外）。 6. 翻花绳
自主游戏	美工区：折纸（东南西北） 表演区：石头剪刀布（歌曲）

表6-1-3 第三周：民间游戏初体验2

周目标	1. 初步体验民间游戏的玩法。 2. 能够了解游戏的玩法，制作游戏玩法的步骤图。 3. 喜欢参与游戏，并乐于尝试和探索新游戏
家园共育	1. 亲子民间游戏共体验。 2. 结合晨谈小主播进行游戏分享与展示
晨间谈话	我想分享的民间游戏
教学活动	1. 游戏初体验（幼儿自选的两项游戏）。 2. 游戏互换体验（换组交流心得体验）。 3. 跳大绳（户外）。 4. 自制游戏步骤图（老狼老狼几点啦）。 5. 民间游戏大家玩（社会）。 6. 扑克牌
自主游戏	美工区：折纸飞机 益智区：飞行棋

表6-1-4 第四周：民间游戏互交流

周目标	1. 能相互介绍不同类型的民间游戏的玩法。 2. 在相互体验民间游戏的基础上，分享感受、问题等
家园共育	1. 结合晨谈小主播进行游戏分享与展示。 2. 亲子民间游戏互介绍、互体验、互交流
晨间谈话	民间游戏大挑战（翻花绳、五子棋）
教学活动	1. 民间游戏交流大讨论（相互介绍）。 2. 民间游戏交流会（分享想法）。 3. 扑克牌（数学）。 4. 自制游戏体验展板（美术）
自主游戏	美工区：剪纸（对称折剪法） 游戏体验区：五子棋PK赛

表6-1-5　第五周：民间游戏展会（准备）

周目标	1. 年级互动体验不同玩法的民间游戏，发展交往、语言表达能力。 2. 自由讨论民间游戏交流会的项目、场地以及人员安排，用图画、符号等形式简单记录。 3. 喜欢参与游戏，并乐于尝试和探索新游戏
家园共育	1. 亲子民间游戏共体验。 2. 结合晨谈小主播进行游戏分享与展示
晨间谈话	民间游戏知多少
教学活动	1. 民间游戏展会分工讨论（主题）。 2. 民间游戏展会海报制作（主题）。 3. 抬轿子（户外）。 4. 踩高跷（户外）。 5. 创意板印画（美术）。 6. 萝卜蹲（音乐）
自主游戏	益智区：打弹珠 表演区：网小鱼

表6-1-6　第六周：民间游戏展会（结题）

周目标	1. 进一步体验民间游戏，通过探索和创造获得更多关于民间游戏的知识和经验。 2. 积极参与民间游戏展会活动，乐于与同伴分工协作完成任务，提升向同伴学习的能力；体验探索和创造，提升问题解决能力
家园共育	1. 亲子民间游戏共体验。 2. 结合晨谈小主播进行游戏分享与展示
晨间谈话	我心目中的展会
教学活动	1. 展会初体验（幼儿自选的两项游戏）。 2. 展会互换体验（换组交流心得体验）。 3. 花样跳绳（户外）。 4. 自制游戏步骤图（五子棋）。 5. 折纸（青蛙）
自主游戏	美工区：折纸飞机 益智区：飞行棋

第二节　活动设计

第一周：民间游戏大调查

一、晨谈活动

晨谈——我想分享的民间游戏。

活动过程：

（1）引导幼儿分享从家长（父母、爷爷奶奶等）处了解到的民间游戏，大胆展示民间游戏的玩法。

（2）教师小结：民间游戏丰富多彩，大家可以在餐后时间体验不同的民间游戏。

二、教学活动

活动一：我了解的民间游戏（主题）

活动目标：

（1）能够以调查的方式收集家长们小时候喜爱的游戏，通过图片、语言等多种方式表征。

（2）大胆表达与分享，并乐于尝试和探索新游戏。

（3）感受和体验民间游戏的乐趣，体验与同伴一起游戏的快乐。

活动准备：民间游戏调查表、民间游戏材料。

活动过程：

（1）幼儿根据民间游戏调查表分享从父母、爷爷奶奶等家长处了解到的民间游戏，分享的内容包括游戏名称、材料和玩法步骤等。

（2）幼儿分享后可邀请小伙伴进行个别互动，体验、感受民间游戏的乐趣。

图6-2-1　幼儿积极分享

活动二：我最喜欢的民间游戏（主题）

活动目标：

（1）幼儿在分享交流后，通过投票的方式选择自己喜欢的民间游戏。

（2）幼儿统计不同类别游戏的喜爱度，用数字记录。

活动准备：贴纸、A3记录纸。

活动过程：

（1）幼儿根据分类统计结果了解全班幼儿民间游戏的全部类别。

（2）幼儿每人有3张贴纸，可以将贴纸贴在自己最喜欢的3个游戏上。

（3）统计每种类别游戏的喜爱度，标记最受大家欢迎的10种游戏。

活动三：民间游戏大统计

活动目标：

（1）知道根据类别进行民间游戏数量上的统计。

（2）能够自由推选组长，用简单符号和图画表征统计内容。

（3）大胆分享统计结果，善于思考。

活动准备：民间游戏统计表、计数贴纸。

活动过程：

（1）幼儿分小组进行民间游戏的统计，组内成员简单表述自己了解到的民间游戏，不同种类的游戏用图画的方式画在表格中。

（2）明确游戏种类后，进行不同种类数量上的统计。

（3）小组分享统计结果，教师引导幼儿在小组结果的基础上统计全班的游戏类别和数量。

活动四：丢手绢（户外）

活动目标：

（1）发展幼儿快速奔跑的基本动作。

（2）喜欢参与讨论活动，勇于表达自己的想法和感受。

活动准备：手绢、音乐。

活动过程：

（1）参加游戏的幼儿坐成一个大圆圈，大家边拍手边唱歌。

（2）一个幼儿拿手绢绕圆圈转，并轻轻地把手绢放在任意一个幼儿的身后。

（3）转一圈，如果那个幼儿还没发觉，丢手绢的幼儿便抓住他，让他为大家表演一个节目。

（4）若被身后放有手绢的幼儿发现了，丢手绢的幼儿就要按顺时针方向跑，发现手绢的幼儿拿起手绢在后面追赶，追上了便由丢手绢的幼儿表演节目，未追上，就自己表演节目。

活动五：美丽的窗花（美术）

活动目标：

（1）学习用正方形对角折纸，表现出圆形、方形、不规则形的不同窗花。

（2）发展手部精细动作，提升手部精细动作的灵活性。

（3）激发幼儿对剪纸的兴趣，对民间剪纸艺术和窗花的欣赏。

活动准备：红色正方形纸、剪刀、马克笔等。

活动过程：

（1）游戏导入。通过窗花成品展示，激发幼儿操作兴趣。

（2）示范。用正方形纸三次对角折后，剪去三个角、三条边的适当部分，表现出圆形、方形、不规则形的不同窗花。

（3）丰富经验，创造设计。幼儿自行绘制不同的图案，设计窗花。

图6-2-2　幼儿剪窗花

活动六：老狼老狼几点啦（户外）

活动目标：

（1）熟知游戏规则和玩法步骤。

（2）锻炼幼儿听辨信号的能力以及快速跑的技能。

（3）激发幼儿对民间游戏的兴趣，体验游戏带来的乐趣。

活动准备：大灰狼头饰。

活动过程：

（1）讲解游戏规则。首先明确"老狼"和"小鸡"的家。游戏开始时，"小鸡"与"老狼"一同往前走，并齐声问："老狼老狼几点啦？"当"老狼"回答12点时，天黑了，就可以转身抓"小鸡"，"小鸡"应快速跑回家。"小鸡"如果被"老狼"抓到就出局，下一轮才能参加游戏。

（2）教师扮演"老狼"，幼儿扮演"小鸡"进行游戏。

（3）熟悉规则后，请幼儿担当"老狼"。

图6-2-3　幼儿玩"老狼老狼几点啦"

活动七：绘本《跳房子》

活动目标：

（1）理解故事内容，知道麦麦跳的7种类型的"房子"。

（2）尝试用手指代替双脚，在书里跳跃。

（3）喜欢阅读绘本，体验绘本和游戏带来的乐趣。

活动准备：绘本故事PPT。

活动过程：

（1）情境导入。麦麦特别厉害，会跳7种类型的"房子"，大家看看分别有哪些？

（2）师幼共同阅读。感受不同类型的"房子"，并邀请孩子们伸出小手指参与纸面游戏。

（3）跳房子。户外场地中幼儿设计自己的"房子"，自定游戏规则进行游戏。

三、自主游戏

美工区：剪纸（二方连续）

活动准备：红色正方形纸、剪刀、马克笔。

活动过程：引导幼儿折叠纸张，并绘制剪纸图案，尝试二方连续的剪纸图案。教师明确材料的使用规则，幼儿自主操作，教师对幼儿进行个别指导。

表演区：老鹰抓小鸡

活动准备：老鹰头饰、小鸡头饰、音乐。

活动过程：幼儿自选角色头饰，根据音乐表演老鹰抓小鸡的游戏情节，过程中注意台词和肢体动作。

第二周：民间游戏初体验1

一、晨谈活动

晨谈——我想分享的民间游戏。

活动过程：

（1）幼儿分享收集到的民间游戏，大胆在集体面前展示民间游戏的玩法。

（2）教师小结：民间游戏多种多样，小朋友可以互相交换体验。

二、教学活动

活动一：跳房子（主题绘本）

活动目标：

（1）初步尝试单双脚跳的快乐，学习单双脚连续跳房子，锻炼腿部力量，培养良好的动作协调性、灵敏性。

（2）发展幼儿的弹跳能力，培养幼儿的创造思维能力，感受跳房子的乐趣。

（3）在活动中，让幼儿体验与同伴共同游戏的快乐，乐意与同伴一起游戏。

活动过程：

（1）请幼儿想一想，探索这些不同形状"房子"的玩法。

（2）请幼儿示范创意玩法。

（3）教师小结：请幼儿轮流演示自己的玩法，及分享合作的创意玩法。

（4）制作跳房子玩法步骤图。

活动二：打石子（主题）

活动目标：

（1）锻炼手部肌肉的灵活性及手眼的协调性。

（2）练习动作的准确性和目测力。

活动准备：7块大小均匀的积木。

活动过程：

（1）幼儿自由探索"石子"的玩法，如抛、接、碰、滚着玩……

（2）教师讲述玩法与规则。

（3）教师示范具体玩法。

（4）幼儿尝试，教师指导。

（5）制作玩法步骤图。

活动三：踢毽子（户外）

活动目标：

（1）初步学习用脚连续踢毽子，锻炼下肢灵活性及协调能力。

（2）探索毽子的多种玩法。

（3）体验民间游戏踢毽子的乐趣。

活动准备：毽子若干。

活动过程：

（1）热身运动。

（2）幼儿自由尝试用脚踢毽子。

（3）幼儿交流：你是怎么用脚踢毽子的？

（4）教师示范用脚连续踢毽子。

（5）幼儿尝试连续踢毽子。

（6）游戏"谁踢得多"。

活动四：五子棋（数学）

活动目标：

（1）初步了解五子棋的基本知识。

（2）锻炼敏锐的观察能力。

（3）主动参与活动，体验活动的快乐及成功的喜悦。

活动准备：五子棋。

活动过程：

（1）图片导入。引导幼儿观察棋盘，讨论棋盘的组成。

（2）集体讨论。幼儿自由讨论下棋规则。

（3）教师介绍下棋规则，幼儿体验操作。

（4）游戏。快乐对弈。

（5）制作玩法步骤图。

活动五：跳绳（户外）

活动目标：

（1）学习跳绳的方法，尝试手脚协调地进行跳绳游戏。

（2）探索绳子的多种玩法，通过思考跳绳的其他玩法，发展创造思维能力。

（3）能与同伴合作，协调地进行跳绳和荡绳。

活动准备：跳绳若干。

活动过程：

（1）老师示范跳绳，幼儿仔细观察教师的动作。

（2）幼儿分散练习跳绳。

（3）教师再次示范，讲解跳绳要领后，幼儿再次分散练习跳绳。

（4）教师引导三人一组玩跳绳游戏。

（5）将绳子绕成团，并放在指定的筐中。

活动六：翻花绳

活动目标：

（1）熟悉翻花绳的游戏规则，能顺利进行翻花绳游戏。

（2）初步学会用花绳翻出1～2种图案，提高手眼协调能力。

（3）体验民间游戏的乐趣。

活动准备：各种绳子若干。

活动过程：

（1）利用提问激发幼儿兴趣，导入活动。

（2）教师带领幼儿学习翻花绳的简单玩法。

（3）幼儿自由练习，老师个别指导。

（4）幼儿展示分享。

三、自主游戏

美工区：折纸（东南西北）

活动准备：折纸。

活动过程：通过谈话导入，激发幼儿对东南西北折纸的兴趣。明确材料的使用规则，幼儿自主操作，教师对幼儿进行个别指导。

表演区：石头剪刀布

活动准备：音响、"石头剪刀布"音乐。

活动过程：教师播放音乐，幼儿自主根据音乐创编动作。

第三周：民间游戏初体验2

一、晨谈活动

晨谈——我想分享的民间游戏。

活动过程：

（1）幼儿分享展示自己收集到的民间游戏。

（2）幼儿大胆地介绍民间游戏的规则和玩法。

（3）幼儿间互相交流互换后的游戏体验。

二、教学活动

活动一：游戏初体验（幼儿自选的两项游戏）

活动目标：

（1）初步体验不同民间游戏的玩法。

（2）在熟悉、了解游戏玩法的基础上商讨并确定游戏的步骤与规则。

（3）体验与同伴游戏的快乐。

活动准备：游戏需要用到的所有材料，如粉笔、凳子、绳子、剪刀、石子等。

活动过程：

（1）根据幼儿民间游戏统计图的结果，投票选择本周最想玩的两项民间游戏。

（2）幼儿根据意愿分成两组。

（3）请幼儿尝试分享游戏的玩法。

（4）教师示范具体玩法，教师讲述玩法与规则。

（5）幼儿尝试，教师指导。

（6）教师请幼儿自主交流游戏的玩法及经验分享。

图6-2-4　幼儿自选游戏

活动二：游戏互换体验（换组交流心得体验）

活动目标和活动准备同活动一。

活动过程：

（1）根据上一次活动的经验，幼儿根据意愿分成两组，互换游戏。（可以去另一组尝试新游戏，也可以留下来当小组长，交流游戏的玩法与心得，同伴间互相教与学。）

（2）请小组长尝试分享展示游戏的玩法。

（3）教师示范具体玩法，讲述玩法与规则。

（4）幼儿尝试，互教互学。

（5）教师请幼儿自主交流游戏的玩法及分享经验。

图6-2-5　幼儿互换游戏

活动三：跳大绳（户外）

活动目标：

（1）初步学习跳大绳游戏，发展幼儿动作的协调性。

（2）探索跳大绳的多种玩法。

（3）体验与同伴合作游戏的乐趣。

活动准备：大绳。

活动过程：

（1）热身运动。

（2）幼儿自由尝试分别担任甩绳者和跳绳挑战者。

（3）展示甩绳子的方法和技巧，说一说是如何甩绳子的。

（4）请幼儿示范展示甩绳和跳绳的技巧。

（5）幼儿自由尝试跳大绳。

活动四：自制游戏步骤图（老狼老狼几点啦）

活动目标：

（1）熟悉游戏的玩法和规则，尝试自制游戏步骤图。

（2）能够与同伴合作，共同制作游戏步骤图。

（3）体验游戏规则的重要性。

活动准备：纸、马克笔、游戏材料。

活动过程：

（1）利用提问激发幼儿兴趣，导入活动。

（2）观看图片，观察步骤图的结构和组成。

（3）幼儿自由分组分工合作，创作步骤图。

（4）老师巡回指导。

（5）幼儿展示分享游戏步骤图。

活动五：民间游戏大家玩（社会）

活动目标：

（1）观看视频，同伴讨论和分享游戏的特点与玩法。

（2）感受民间游戏的丰富性和娱乐性，体验游戏中规则的重要性。

（3）能与同伴合作，体验游戏的快乐。

活动准备：游戏轻音乐。

活动过程：

（1）幼儿观看视频，了解游戏的名称。

（2）幼儿分组讨论，视频中游戏的大发现、游戏特点等。

（3）幼儿分组游戏。

（4）分享游戏中遇到的问题，如出现了什么矛盾？是如何解决的？让幼儿知道游戏规则的重要性。

（5）同伴继续游戏，体验游戏的快乐。

活动六：扑克牌

活动目标：

（1）初步认识扑克牌的基本组成结构。

（2）能积极探索扑克牌的多种玩法。

（3）喜欢参与活动，体验游戏带来的喜悦。

活动准备：扑克牌一副。

活动过程：

（1）直接导入。出示扑克牌，让幼儿观察。

（2）集体讨论。扑克牌可以怎么玩？

（3）教师介绍扑克牌的玩法，幼儿体验操作。

（4）游戏。扑克牌的创新玩法。

（5）同伴间分享交流玩法。

图6-2-6　幼儿学习制作游戏步骤

三、自主游戏

美工区：折纸飞机

活动准备：折纸、步骤图。

活动过程：出示纸飞机的折纸步骤图，激发幼儿对纸飞机的兴趣，幼儿自主尝试折纸飞机，教师对幼儿进行个别指导。

益智区：飞行棋

活动准备：飞行棋。

活动过程：激发幼儿对飞行棋的兴趣，介绍飞行棋游戏的玩法与规则，幼儿自主尝试游戏，教师指导。

第四周：民间游戏互交流

一、晨间谈话

晨谈——民间游戏大挑战（翻花绳、五子棋）

活动过程：

（1）幼儿准备翻花绳的材料。

（2）幼儿大胆向同伴介绍翻花绳的各种玩法。

（3）幼儿可以两两合作体验翻花绳的乐趣，也可一人操作。

图6-2-7　幼儿展示翻花绳

分享活动——五子棋介绍

活动过程：

（1）幼儿准备棋盘等材料。

（2）幼儿大胆向同伴介绍五子棋的规则和玩法。

（3）幼儿两两对战，谁先完成将五子连成一条直线，谁就赢了。

二、教学活动

活动一：民间游戏交流大讨论（相互介绍）

活动目标：

（1）了解不同类型的民间游戏项目内容、场地、玩法。

（2）能用图画、符号等形式对不同类型的民间游戏进行表征。

（3）能大胆表达自己的观点，体验分享交流的乐趣。

活动准备：各种民间游戏材料、话筒、记录纸、黑笔、彩色笔等。

活动过程：

（1）各班幼儿到其他班级相互介绍不同类型的民间游戏项目、场地、玩法。

（2）幼儿在了解的基础上再次体验民间游戏的玩法，感受规则和操作流程。

（3）幼儿尝试用图画等形式对民间游戏进行表征。

图6-2-8　幼儿讨论游戏

活动二：民间游戏交流会（分享想法）

活动目标：

（1）熟悉不同类型的民间游戏项目内容、玩法、场地安排。

（2）通过讨论交流的方式进一步学习民间游戏的规则与技巧。

（3）能大胆地表达自己的观点，体验分享交流的乐趣。

活动准备：各种民间游戏材料、话筒、记录纸、黑笔、彩色笔、小黑板等。

活动过程：

（1）引导幼儿针对前期所了解的民间游戏的内容、场地安排、玩法等分享自己的想法。

（2）幼儿自主选择感兴趣的游戏与其他幼儿相互交流自己的想法，提出自己的改进或补充建议。

（3）教师提炼总结幼儿的建议，并做好记录。

图6-2-9　交流、体验

活动三：扑克牌（数学）

活动目标：

（1）认识扑克牌，了解扑克牌的数字。

（2）通过"大牌吃小牌"的游戏区分数字的大小。

（3）与同伴合作，体验数字的趣味性。

活动准备：扑克牌一副。

活动过程：

（1）教师出示扑克牌，引导幼儿认识扑克牌。

（2）将扑克牌随机分成数量对等的两半，两位幼儿分别选择一份。

（3）两位幼儿同时出牌，数字大的牌吃掉数字小的牌。一直重复操作，直到一位幼儿手里的扑克牌全部被吃掉，手里有牌的幼儿就赢得游戏。

活动四：自制游戏体验展板（美术）

活动目标：

（1）学习用不同的线条描绘民间游戏。

（2）在了解民间游戏特征的基础上，用线条画进行装饰。

（3）幼儿大胆创造，感受绘画的乐趣。

活动准备：画纸、黑色油性笔、彩色笔等。

活动过程：

（1）教师向幼儿介绍各种民间游戏，引导幼儿观察其特征。

（2）幼儿用线条画的方式将自己感兴趣的民间游戏绘画出来，并进行颜色装饰。

（3）操作完毕后，收拾好材料、作品。

图6-2-10　幼儿画出游戏

三、自主游戏

美工区：剪纸（对称折剪法）

活动准备：彩纸、剪刀、操作流程图等。

活动过程：幼儿根据操作流程图自主选择图案进行对称裁剪。

图6-2-11　幼儿剪窗花

游戏体验区：五子棋PK赛

活动准备：五子棋盘、黑白棋子、五子棋技巧指引图。

活动过程：幼儿两两PK，谁先完成五子连成一条直线则赢。

图6-2-12　玩五子棋

第五周：民间游戏展会（准备）

一、晨谈活动

晨谈——民间游戏知多少。

活动过程：

（1）引导幼儿分享了解到的民间游戏，大胆地展示民间游戏的玩法。

（2）教师小结：民间游戏丰富多彩，大家可以在餐后时间体验不同的民间游戏。

二、教学活动

活动一：民间游戏展会分工讨论（主题）

活动目标：

（1）能积极参与分工讨论活动，对民间游戏展会形成浓厚的兴趣，能正确反映角色的活动职责和角色相互之间的合作关系。

（2）能自主选择角色，学会用协商的方法分配角色，学会分工合作，初步学会解决在分工讨论中出现的问题。

（3）感受和体验民间游戏的乐趣，体验与同伴一起游戏的快乐。

活动准备：民间游戏调查表、民间游戏材料。

活动过程：

（1）幼儿根据民间游戏展会内容进行分工讨论，明确各项目工作的负责人员。

（2）幼儿分组，自主选择游戏，学会协商分配角色，合作布置民间游戏展会场所。

（3）幼儿制作工作牌、游戏项目卡（限玩3项），用图画、符号等形式表征出来。

活动二：民间游戏展会海报制作（主题）

活动目标：

（1）初步了解海报的用途，学习用多种方法制作海报。

（2）会与同伴合作，体验分工合作的快乐。

（3）能用辅助材料丰富作品，培养大胆创新能力。

活动准备：油画棒、剪刀、胶水、双面胶、废旧材料。

活动过程：

（1）幼儿分小组进行谈话活动，引出民间游戏展会海报的主题。

（2）幼儿讨论设计海报，根据民间游戏展会内容制作海报，包括游戏名称、游戏步骤图、技巧图等。

（3）小组分享海报制作成果，相互介绍，欣赏海报。

活动三：抬轿子（户外）

活动目标：

（1）有初步的合作意识，能动作灵活协调地合作抬轿子。

（2）能根据指令做相应的动作，练习平地快走、身体平衡等技能。

（3）增强同伴合作的情感，体验民间体育游戏活动带来的快乐。

活动准备：小花轿若干、奖牌若干、音乐《八只小狗抬花轿》。

活动过程：

（1）教师带领幼儿入场，跟随音乐《八只小狗抬花轿》做热身运动。

（2）学习两人抬轿，回忆三人抬轿；请幼儿两人一组自由探索轿子玩法；教师边讲解边请一组幼儿做示范。

（3）集体练习：听口令玩抬轿子游戏；三人（两男一女）一组抬花轿；比赛抬花轿。

活动四：踩高跷（户外）

活动目标：

（1）大胆运用高跷进行各种体育锻炼，发展创造力。

（2）促进平衡能力的进一步发展，提高动作的协调性和灵活性。

（3）培养竞争意识，体验民间体育游戏活动带来的快乐。

活动准备：高跷若干、音乐。

活动过程：

（1）引导幼儿讨论，说说自己对踩高跷这一元宵节习俗的认识；出示高跷，激发幼儿活动的兴趣。

（2）教师带领幼儿随音乐活动全身，重点活动脚腕、膝关节和手腕。

（3）鼓励幼儿大胆尝试，对于胆小的幼儿可以让其两人结对，一人踩高跷，另一人扶着帮助其保持平衡慢慢尝试；幼儿自由交流踩高跷的感受。

（4）教师示范并讲解踩高跷的正确方法及注意事项，幼儿再次自由练习，进行游戏踩高跷。

图6-2-13　幼儿玩踩高跷

活动五：创意板印画（美术）

活动目标：

（1）尝试用点、短线和简单的几何图形表现太阳发散的光芒。

（2）学习用多种颜色进行涂色拓印的方法，并清晰地刻画出来。

（3）激发对板印画的兴趣，从中体验板印画创作的快乐。

活动准备：板印画操作工具人手一份，范画一张。

活动过程：

（1）谜语导入。"一个勤劳老公公，天一亮就上工。若有一日不见他，不是刮风就下雨。"

（2）出示范画以及讲解涂色方法要求。出示板印画；教师示范制作过程。

（3）幼儿尝试板印画的制作方法；展示作品，相互评价。

活动六：萝卜蹲（音乐）

活动目标：

（1）熟知游戏规则和玩法步骤，培养快捷反应能力。

（2）能够按照口令做出相应的动作，增强专注力。

（3）激发幼儿对民间游戏的兴趣，体验游戏带来的乐趣。

活动准备：各色萝卜头饰。

活动过程：

（1）将游戏参与者分成几组。每组既可以是一个人，也可以是很多人。

（2）将每组用不同颜色的萝卜命名。比如我们有五组参与者，于是命名为"黄萝卜""白萝卜""绿萝卜""青萝卜""红萝卜"。

（3）接下来"黄萝卜"组开始进行蹲起和喊口号，然后指定下一组做蹲起的萝卜组。

三、自主游戏

益智区：打弹珠

活动准备：弹珠若干、有许多小坑的场地。

活动过程：引导幼儿听音乐跳坑，用谈话引起幼儿兴趣。先请幼儿尝试一人探索玩弹珠，然后请幼儿自由组合，竞赛玩弹珠，边玩边制定游戏规则。

表演区：网小鱼

活动准备：小鱼头饰、渔网、音乐。

活动过程：幼儿自选角色道具，教师播放音乐，带领幼儿反复练习小碎步及小鱼吃食的动作。教师引导幼儿听音乐，介绍"网小鱼"游戏规则并带领幼儿玩游戏。

第六周：民间游戏展会（结题）

一、晨谈活动

晨谈——我心目中的展会。

活动过程：

（1）幼儿分享自己心目中的展会场景，并介绍自己在展会中最想体验的游戏内容。

（2）幼儿大胆地介绍自己的展会体验计划表，并进行分享。

（3）好友之间互相交流交换体验游戏。

二、教学活动

活动一：展会初体验（幼儿自选的两项游戏）

活动目标：

（1）体验民间游戏展会带来的乐趣。

（2）在熟悉、了解游戏玩法的基础上制订自己的展会计划。

（3）感受和体验民间游戏的乐趣，体验与同伴一起游戏的快乐。

活动准备：《民间游戏展会计划表》、民间游戏材料。

活动过程：

（1）根据展会计划表的结果，制订展会计划。

（2）幼儿根据自己制订的展会体验计划分成两组。

（3）小组长及工作人员到达岗位，准备迎接体验幼儿的到来。

（4）幼儿根据自己的计划表进行展会体验。

（5）幼儿体验，教师巡回观察。

（6）教师请幼儿自主交流游戏的玩法及分享。

图6-2-14　幼儿交流游戏玩法

活动二：展会互换体验（交流心得体验）

活动目标：

（1）根据展会计划表体验室内外场景中民间游戏的玩法。

（2）在熟悉、了解游戏玩法的基础上进行不同场景的展会体验。

（3）体验展会中游戏的快乐。

活动准备：游戏需要用到的所有材料，如粉笔、凳子、绳子、剪刀、石子等。

活动过程：

（1）根据上一次展会体验活动，幼儿根据展会计划表分成两组，互换游戏场景体验。

（2）请小组长积极开展自己的工作，维护区内的秩序和帮助前来体验的幼儿解决问题。

（3）教师巡回观察指导。

（4）幼儿进行丰富体验，互教互学。

（5）教师请幼儿分享民间游戏展会体验的心得。

图6-2-15　幼儿交流并分享心得

活动三：花样跳绳（户外）

活动目标：

（1）探索绳子的多种玩法，发展幼儿动作的协调性。

（2）双人合作跳绳。

（3）激发幼儿的创造力、想象力及合作能力。

活动准备：大绳、单人跳绳。

活动过程：

（1）热身运动。

（2）幼儿自由观察、自由选择自己喜欢的绳子。

（3）两两组合探索绳子的新玩法，展示花样跳绳的方式。

（4）相互学习新玩法。

活动四：自制游戏步骤图（五子棋）

活动目标：

（1）根据展会中游戏的玩法和规则，制作游戏步骤图。

（2）能够与同伴合作，共同制作游戏步骤图。

（3）体验游戏规则的重要性。

活动准备：纸、马克笔、游戏材料。

活动过程：

（1）利用记录表引发幼儿兴趣，导入活动。

（2）观看图片，观察步骤图的结构和组成。

（3）幼儿自由分组分工合作，完善步骤图。

（4）老师巡回指导。

（5）幼儿展示分享完成的游戏步骤图。

活动五：折纸（青蛙）

活动目标：

（1）在折成双三角形的基础上学习看图示折青蛙。

（2）观察折纸步骤示意图以及教师的示范、讲解，巩固双三角的折法。

（3）参与活动，体验游戏带来的喜悦。

活动准备：彩色手工纸。

活动过程：

（1）用猜谜语引起幼儿兴趣。

（2）引导幼儿观察折叠青蛙的步骤示意图。

（3）幼儿操作，教师巡回指导。

（4）游戏——"哪只青蛙跳得高"。

三、自主游戏

美工区：折纸飞机

活动准备：折纸、步骤图。

活动过程：幼儿自主尝试花样折纸飞机，教师对幼儿进行个别指导。

益智区：飞行棋

活动准备：飞行棋。

活动过程：幼儿自主尝试创新飞行棋的玩法与规则进行游戏，教师指导。

附：主题环境创设

一、墙面环境创设

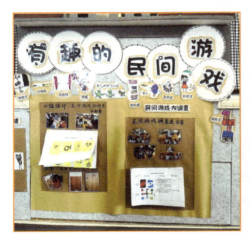

图6-2-16　民间游戏大调查

图6-2-17　民间游戏初体验

图6-2-18　民间游戏步骤

图6-2-19　民间游戏回顾

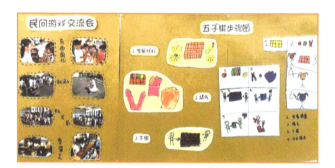

图6-2-20　民间游戏交流会

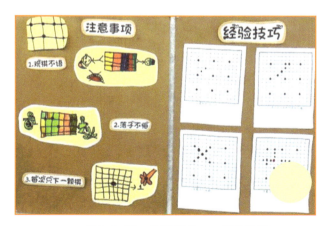

图6-2-21　民间游戏——经验技巧

二、主题区域环境

图6-2-22　木工区环境

图6-2-23　民间游戏展会

图6-2-24　民间游戏体验区

图6-2-25　步骤规则说明

图6-2-26　民间游戏区域柜

图6-2-27　翻花绳工作台

第三节　幼儿观察记录

观察记录1：**民间游戏初体验——"老狼老狼几点啦"**

时间：2022年9月14日　　　　　　记录人：龚清苑

经过前期的讨论、分享、投票与统计等环节，"老狼老狼几点啦"成为孩子们非常喜欢的民间游戏之一。

"老狼老狼几点啦"游戏该怎么玩呢？孩子们说玩一玩就知道了。于是在大家的建议下，孩子们开始了"老狼老狼几点啦"游戏的初次体验。

睿睿：我想当"老狼"，其余人先当"小鸡"。

睿睿率先提出自己的想法，并带领其他小朋友开启了游戏体验。

10分钟后，睿睿焦急地说："不是这样玩的。"

轩轩：太乱了，"老狼"说到12点的时候才能跑，他们8点就逃跑了。

睿睿：是呀，我一只"小鸡"都抓不到……

盈盈：我都不知要躲在哪里，一直被"老狼"追，好累。

游戏似乎无法继续开展下去。带着孩子们初次体验的感受、发现与遇到的问题，在老师的引导下，我们开展了关于"老狼老狼几点啦怎么玩"的聚焦式讨论。

老师：刚才我们在玩这个游戏的时候你们有什么发现？

睿睿：他们不遵守规则，总是乱跑，我一个都抓不到。

老师：那玩这个游戏有什么样的规则？有没有跟大家讲清楚？

轩轩：没有说清楚，每个人的（规则）都是不一样的。

老师：那要怎么办？

盈盈：要统一（规则）才行，这样就不会乱。

老师：是的，统一的规则可以帮助我们有序地开展游戏。要建立哪些规则？

玥玥：要建立"小鸡"的"家"，这样"老狼"来抓"小鸡"时，"小鸡"就可以躲在"家"里。

轩轩：可以用围栏围起来当成"小鸡"的"家"。

陈翊：也可以是呼啦圈，走进呼啦圈里面就很安全。

盈盈："老狼"来了，可以用手搭成房子，然后蹲下来。

老师：你们想出了很多解决"小鸡"的"家"的办法。那什么时候"小鸡"可以逃跑，什么时候又不能动？

睿睿：要听口令，如果是12点钟，"老狼"就可以抓"小鸡"，"小鸡"就可以逃跑。

老师：那如果是其他时间呢？

睿睿：其他时间"小鸡"是不能动的。

老师：如果这时"小鸡"动了怎么办？

轩轩：动了就把"小鸡"吃掉，"小鸡"就不能继续游戏。

老师：那被"吃掉"的"小鸡"就一直不能参与游戏了吗？

睿睿：那就要等新的"老狼"产生才能参与了。

老师：还有其他问题吗？

陈翊：有，我也想当"老狼"，但是睿睿不肯。

老师：角色问题，到底谁可以当"老狼"？

轩轩："老狼"要很灵活，跑得快才行。

陈翊：我也跑得很快呀。

老师：如果大家速度都差不多怎么办？

轩轩：那可以"石头剪刀布"，谁赢了就可以当"老狼"。

老师：对于这个办法，大家觉得怎么样？

陈翊：我同意。

其他幼儿：同意。

盈盈："小鸡"与"小鸡"之间会撞在一起，"老狼"和"小鸡"也容易撞在一起。

轩轩：那就要看前方，调整方向，这样就不会撞。

老师：怎么调整方向？

轩轩："小鸡"要统一往家的方向跑，这样就不会撞在一起。

玉盈："老狼"去抓"小鸡"时要绕大圈。

老师：除了以上问题，还有其他要补充的吗？

幼儿：没有了。

老师：那我们一起来回顾一下刚才的规则。首先游戏前要做什么？

睿睿：先确定"老狼"的角色。

老师：可以用什么办法？

睿睿：用"石头剪刀布"，谁赢了就可以当"老狼"。

老师：接着要干什么？

盈盈：要建立"小鸡"的家，可以用手搭房子，可以把呼啦圈当成家。

老师：在游戏过程中我们应该遵守什么规则？

轩轩："老狼"说到12点钟才可以逃跑，其他时间都不能动，动了就会被"吃掉"，取消游戏资格，只能等到下一轮才可以进行。

老师：轩轩表达得非常完整。在玩游戏的时候，为了避免碰撞，我们还要灵活地调整方向。

讨论结束后，孩子们也将这个游戏的步骤流程、遇到的困难及解决办法用图画的形式进行表征。

图6-3-1　表征游戏步骤　　　　图6-3-2　表征"我的解决办法"

活动反思："老狼老狼几点啦"是幼儿非常喜欢的民间游戏之一。部分幼儿对这个游戏有前期的经验基础，但由于规则的不确定和不统一，造成幼儿在进行游戏初体验时，场面混乱，游戏无法正常开展，于是就有了"老狼老狼几点啦怎么玩"聚焦式的讨论分析。幼儿从体验游戏—发现问题—解决问题—表征记录—再次体验的方式加深对游戏玩法的理解，提升发现问题并解决问题的能力。

观察记录2： 民间游戏初体验——民间游戏展览会大交流

时间：2022年9月29日　　　　　　记录人：龚清苑

孩子们在充分体验民间游戏的基础上，对一些民间游戏有了自己的感受与想法。部分孩子提出民间游戏（如翻花绳、"老狼老狼几点啦"等）这么好玩，可以让更多的小朋友也参与进来。为此，老师与孩子们针对这一话题展开了交流与讨论，最后，我们一致决定举办一场民间游戏展览会，以此吸引更多的小朋友前来体验。

民间游戏展览会需要做哪些准备呢？带着这样的问题，孩子们与爸爸妈妈一起商量，或讨论，或利用书籍、网络查找相关资料，或用图文形式进行记录，并将商讨的结果带回班级分享。

老师：民间游戏展览会需要做哪些准备呢？

轩轩：需要一个大的场地，可以把游戏摆在那里，大家看到了就会过来玩。

老师：你觉得什么样的场地适合？

轩轩：一楼操场就很大。

老师：全部游戏都适合在操场上来玩吗？

小林：不是，像五子棋的游戏要用到桌子且要安静，它就不适合在操场上，可以在有桌子的地方进行；跳房子和"老狼老狼几点啦"的游戏可以在操场上进行。

老师：也就是说游戏要动静分开，室内外分开。有的游戏如五子棋、翻花绳、剪窗花等适合在室内，有的游戏如跳房子、"老狼老狼几点啦"等适合在室外，这样才不会相互影响。

玉盈：还要确定玩的时间和玩的内容。

老师：也就是说要确定好展览会的具体时间和游戏项目，还有吗？

轩轩：还要进行宣传，这样大家才能知道。

老师：是的，有了宣传才能吸引更多的人。那用什么方式进行宣传？

轩轩：既可以告诉别人我们的游戏项目，也可以制作一个像电影海报一样的东西。

老师：轩轩用了两种宣传手段，一是语言效应，二是用海报进行宣传。

玉盈：另外，需要一些小朋友负责介绍，一些小朋友去制作海报。

老师：这就需要一些工作人员进行分工合作才能完成。负责语言介绍和海报宣传的工作人员需要具备哪些本领才能胜任？

轩轩：介绍的人要能说，而且要大声，表达要清楚，还要对游戏很熟悉，这样别人问问题时才能回答。

老师：海报制作的呢？

欣霖：会画画，要画得很好看，别人一看到画就会想来玩游戏。

老师：如何区分工作人员和体验者？

轩轩：可以制作一个工作证挂在胸前，跟我妈妈上班那样。

老师：很好的提议。那等会儿商讨结束后，孩子们可以自主进行海报的制作、语言介绍、工作证制作，你们可以分工合作哦。还有要补充的吗？

孩子们都摇了摇头，老师也补充了关于游戏的项目分组、游戏材料、提前布置场地的注意事项。

图6-3-3　幼儿自主选择游戏项目　　　图6-3-4　海报制作注意事项

商讨结束后，孩子们根据自己的需要自主选择组别和材料进行宣传海报和工作证的制作。

图6-3-5　制作海报

活动反思：注重幼儿在主题活动中的自主性和生成性。以幼儿为主体，尊重幼儿的想法和感受，从幼儿已有的认知经验出发，尊重幼儿主动获取和总结新的经验,演绎新的知识。孩子提出"要让更多的小朋友参与游戏"这一想法,教师尊重他们的想法,并展开了关于这一问题的讨论,继而生成"筹备民间游戏展览会"的决定。在"如何筹备民间游戏展览会"的讨论中,教师一方面充分利用家长资源帮助幼儿丰富和积累关于展览会的认知经验;另一方面利用聚焦式的主题讨论活动,帮助幼儿梳理、建构新的知识,支持幼儿的自主学习。

观察记录3: 民间游戏初体验——游戏问题大讨论

　　　　时间:2022年9月14日　　　　　　　记录人:毛文霓

孩子们对民间游戏出现的问题第一次进行讨论:关于"老狼老狼几点啦"。

问题1

老师:小朋友们,请问你们在玩"老狼老狼几点啦"的时候,碰到了哪些困难?

小朋友:小朋友会互相撞到。

老师:那么请问是谁和谁撞在了一起呢?

小朋友:"老狼"和"老狼"撞在一起了,"老狼"和"小鸡"也会……

解决方法1

老师:那我们该怎么解决这个互相撞到的问题呢?

小朋友1:"老狼"和"小鸡"在一起,"小鸡"要跑快一点儿回"家"。

小朋友2:"小鸡"排一排跑,就不怕会撞到啦。

小朋友3:眼睛要看着"老狼",身体要学会转弯,学会躲避。

老师:小朋友们的思维都很清晰,表达得很准确。

问题2

老师:请问还有什么困难呢?

小朋友:我在后面都没有被"老狼"看见。

老师:原来有些在后面的"小鸡"没被发现。

解决方法2

老师：那我们又该怎么解决这个"小鸡"不被发现的问题呢？

小朋友1："小鸡"要跑快一点儿，跑到前面去。

小朋友2："小鸡"可以跑过去告诉"老狼"。

老师：小朋友们的想法可真丰富哇！

活动反思：本次活动是小朋友们经过亲身体验"老狼老狼几点啦"游戏后的第一次讨论。作为协助主班老师的角色，在活动过程中，我观察到大部分孩子能听懂老师的提问内容，也会围绕着"出现的困难"展开积极思考，踊跃回答。

值得关注的是，作为大一班小朋友最喜欢的游戏，小朋友思维非常活跃，加之语言表达能力的提升，大家都非常积极主动地讨论起游戏的困难。当时老师就是一个非常忙碌的记录者，记录与总结小朋友对于此话题的最真切丰富的想法。乾睿小朋友思维非常敏捷，总结出来"老狼"要赢，必须灵活，跑步速度要快，口令也要喊得快！

但是，个别孩子在表达输出观点方面还较弱，暂时还停留在重复其他孩子说过的内容，或者不敢在集体面前积极回答的阶段，需要老师的引导和鼓励。

观察记录4： 民间游戏展览会大交流——五子棋

时间：2022年10月20日　　　　　记录人：毛文霓

民间游戏的主题结题活动以民间游戏展览会的形式开展，老师们依据小朋友们的兴趣分成了三个游戏小组，与小朋友们共同绘制海报、规则牌、工作牌等，为展览会提前做好环境准备；同时还首次设置小组长和讲解员的角色，让小朋友们有一个更加丰富深刻的体验。

展览会当天，小组长和讲解员将棋盘和棋子、规则牌准备就绪，等待其他班的小朋友到来。

罗悦（讲解员）：我们这里有五子棋和翻花绳，你们要不要进来看一看？

钟意：你们可以来我这里，我这里有位置。你们会玩五子棋吗？

串班小朋友摇摇头表示不会玩。

钟意：罗悦，快来，给他们讲解一下游戏规则，他们不会玩。

罗悦：你们先要"石头剪刀布"，谁赢谁就是黑棋，输的就是白棋，黑棋先下。

发现串班小朋友有点儿害羞不知所措。

罗悦：没关系的，你们先"剪刀石头布"。噢，你赢了（指着左边的小朋友），你是黑棋；你输了（指着右边的小朋友），你就是白棋啦。

罗悦：接下来，你们每次只能下一颗棋，棋子连成五颗就算赢，横着下、竖着下、斜着下都可以。

发现串班的小朋友还是不太能理解。

罗悦：你看你先连成五颗棋，你这就算赢啦。是不是很简单？

罗悦：我要去其他组讲解了，你们不会的话还可以问问她（指向钟意），她是这桌的组长。

钟意：你们开始下吧，我来看看你们谁输谁赢。

图6-3-6　小组长带领入座

图6-3-7　讲解员介绍规则

钟意：老师，我今天很开心！

老师：是因为什么让你这么开心呢？

钟意：我一直在帮助别人，本来他们都不会下五子棋的，后面都会了。我还教他们比赛呢！

老师：对呀！我今天看到你一直坚持做好小组长的工作，认真地去教其他不会玩五子棋的小朋友怎样下五子棋，我也为你感到开心！

罗悦：老师，我今天感觉好累啊！每个组我都一直在讲讲讲。

老师：辛苦啦，罗悦小朋友，老师观察到你一直坚持给每一组的小朋友介绍规则，这一点老师觉得你很棒。我还想问问，他们最后都会下五子棋了吗？

罗悦：有些人还没学会怎么堵棋，时间就到了。

老师：哈哈哈哈，看来时间还是不够哇，玩得还不够尽兴是吗？老师其实看到每一组都因为你的讲解，小朋友都用"石头剪刀布"定黑白棋，遵守了五子棋的游戏规则，你真的是一个很尽责的讲解员！

活动反思：让幼儿亲身体验，深刻感受活动内容，并因此主动获取到一些新的经验。本次活动中新设置了小组长和讲解员的角色，孩子们通过语言讲解、亲身示范让其他小朋友了解游戏玩法与规则，锻炼了语言表达能力和社会交往能力。

同时更加真实的环境模拟，也让孩子们对角色的职责有了更加深刻的认识。工作不再是想象中的那么简单，而是真真实实地要去一遍一遍坚持讲解，孩子们的生活经验充实起来了，情绪情感更加丰富了。

但值得继续关注的是，有些小组长还没能有很好的职责意识和角色定位，较容易分心走神，没能做好自己的本职工作，导致其他小组长要分担更多的工作，这需要老师去引导这些孩子学会坚持，加深对自己职责的认识。